电信网络诈骗套路

揭秘与防范

（修订版）

李富成　李富金　著

DIANXIN WANGLUO
ZHAPIAN TAOLU
JIEMI YU FANGFAN

中国检察出版社

图书在版编目（CIP）数据

电信网络诈骗套路揭秘与防范 / 李富成，李富金著
. -- 修订版 . -- 北京：中国检察出版社，2023.2
ISBN 978-7-5102-2847-6

Ⅰ . ①电… Ⅱ . ①李… ②李… Ⅲ . ①电信—诈骗—
预防—中国—通俗读物②互联网络—诈骗—预防—中国—
通俗读物 Ⅳ . ① D924.33-49

中国国家版本馆 CIP 数据核字（2023）第 033235 号

电信网络诈骗套路揭秘与防范（修订版）

李富成　　李富金　著

责任编辑：彭羽涵
技术编辑：王英英
封面设计：李　瞻

出版发行：中国检察出版社
社　　址：北京市石景山区香山南路 109 号（100144）
网　　址：中国检察出版社（www.zgjccbs.com）
编辑电话：（010）86423798
发行电话：（010）86423726　86423727　86423728
　　　　　　（010）86423730　86423732
经　　销：新华书店
印　　刷：河北宝昌佳彩印刷有限公司
开　　本：710 mm×960 mm　16 开
印　　张：11
字　　数：199 千字
版　　次：2023 年 2 月第一版　　2025 年 3 月第二次印刷
书　　号：ISBN 978 - 7 - 5102 - 2847 - 6
定　　价：36.00 元

序　言

　　电信网络诈骗，是指以非法占有为目的，利用电信网络技术手段，通过远程、非接触方式，诈骗公私财物的行为。①近年来，此类案件发展势头迅猛，成为政法机关打击的主要犯罪类型之一。2020年，全国检察机关起诉网络犯罪141870人②，与总体刑事犯罪案件数量同比下降的态势相反，网络犯罪案件逆势上升47.9%。2021年1月至9月，全国检察机关办案数据中，诈骗罪排在所有犯罪的第三位，第四位的是帮助信息网络犯罪活动罪（以下简称"帮信罪"）79307人，同比上升达到了惊人的21.3倍。③这里的诈骗罪中相当数量是电信网络诈骗犯罪，而帮信罪的上游犯罪主要是网络赌博与电信网络诈骗，并且电信网络诈骗占大头。到2021年年底，检察机关办理的帮助信息网络犯罪活动罪达12.9万人，诈骗罪达11.2万人。电信网络诈骗犯罪已经成为当前发案最高、损失最大、群众反应最强烈的突出犯罪，严重危害人民群众获得感、幸福感和安全感。④

　　传统的线下诈骗，以一对一为主。而电信网络诈骗则可以是一对多，甚至上百。由于是无接触式的，电信网络诈骗的对象可以遍及全球，并且由于可以群发撒网，受骗对象具有众多性。跨境、远

---

①　《中华人民共和国反电信网络诈骗法》，载中国人大网，http://www.npc.gov.cn/npc/c30834/202209/faadac81d2e94aa0bd7574efc9862cd0.shtml。

②　《2020年全国检察机关主要办案数据》，载https://www.spp.gov.cn/xwfbh/wsfbt/202103/t20210308_511343.shtml#2。

③　《2021年1至9月全国检察机关主要办案数据》，载https://www.spp.gov.cn/spp/xwfbh/wsfbt/202110/t20211018_532387.shtml#2。

④　《关于〈中华人民共和国反电信网络诈骗法（草案）〉的说明》，载中国人大网，http://www.npc.gov.cn/npc/c30834/202209/7019159f23fd4e93ab5617b0d98cdb68.shtml。

程、无接触成为诈骗的主流，并且诈骗活动基本不受疫情的影响，具有全时空作案的特点。电信网络诈骗不仅数量巨大，也出现了一些新特点。

一是手段翻新，智能化提升。随着网络技术的不断升级，人工智能、机器学习、大数据分析等新技术被用于实施诈骗的各个环节。犯罪分子利用各种代理、匿名等技术手段虚构事实、隐瞒身份，在虚拟空间中实施犯罪。现在一些诈骗电话已经发展到人工智能语音拨打，根据对话的内容自动回复，以筛选合适对象进行下一步诈骗。诈骗剧本也不断叠代升级，从以前的广为人知的冒充公检法诈骗、重金求子诈骗，发展到利用网络聊天培养情感的"杀猪盘"诈骗、涉疫情诈骗、点赞投票诈骗、为主播刷礼物诈骗、以老年人为对象的"保健品"等涉养老诈骗。

二是境内人员外流缅甸成为诈骗犯罪的主体。以前的诈骗分子很多是我国台湾地区人员，现在则发展到以国内人员偷渡到缅甸、柬埔寨、蒙古等周边国家，尤以缅甸北部为主。由于国内打击力度大，诈骗分子在国内难以生存，缅甸就因其特殊的条件而成为诈骗分子的天堂。缅甸与云南接壤，缅甸北部地形复杂、汉语交流畅通、使用人民币、中国电信运营商提供服务，这些都为诈骗分子作案提供了绝妙的便利。这些犯罪嫌疑人中，既有主动出境也有被骗出境的，但多数为牟利的主动出境。偷渡基本上都是在缅甸公司的安排下有组织地进行，国内人员到达昆明或是缅边境后，即有人员接应实行"一条龙"服务，从汽车、摩托车到徒步，各种偷渡方式应有尽有。

三是诈骗犯罪公司化、专业化特征明显。检察机关办理的诈骗犯罪案件中，近七成为共同犯罪，犯罪组织形式由"简单结伙"向"公司化"转变。诈骗团伙组织严密，分工明确、层级式管理，呈现越来越明显的公司化、专业化趋势。为了防止诈骗分子逃跑，有的还有武装力量持枪人员看守。从引流聊天到引诱投资，再到洗钱分赃，每个人只完成犯罪中的一个部分。分段流水作业式犯罪，并且各个链接之间不需要每次都有具体的犯意联络，增加了侦查取证、跨国抓捕的难度。

四是危害巨大。由于借助网络支付结算，并不需要数钞票，上百万的资金可以瞬间完成转移、洗钱，并且犯罪分子通过层层转移、分解资金，串并资金来源困难，挽回损失难度大。一些老百姓的"养老钱""救命钱"被榨取，有的被迫将自己赖以为生的房屋出售抵债甚至自杀。不仅给被害人造成经济损失，也严重影响人民群众的安全感和幸福指数。

五是伴生犯罪多。电信网络诈骗需要依赖黑灰产获取公民个人信息作为"物料"，需要洗钱以逃避打击，因此关联的侵犯公民个人信息犯罪、非法获取计算机信息系统数据犯罪、洗钱犯罪、偷越国边境犯罪、利用虚拟货币转移资金逃避外汇监管的逃汇等犯罪的发生率不断攀升，并且形成黑灰及犯罪"产业链"。特别是帮信罪，2018 年前全国适用该罪名判决的案件不足百件，但 2021 年全年因帮信罪被起诉人数已居于所有刑事犯罪案件的第 3 位，成为整个电信网络诈骗犯罪链条上的第一大罪名。

针对电信网络诈骗猖獗的新情况，国家打击力度也是空前的。2020 年 10 月，国务院打击治理电信网络新型违法犯罪工作部际联席会议决定，在全国范围开展"断卡"行动。同年 12 月，最高法、最高检、公安部等共同发布《关于依法严厉打击惩戒治理非法买卖电话卡银行卡违法犯罪活动的通告》，加强对买卖"两卡"行为的源头打击，办理的"帮信罪"案件由此大幅度上升。[①]"断卡"行动取得明显成效，犯罪分子获卡难度加大，以前犯罪分子购买一套"两卡"可能只要几百元，现在则达到数千元。2022 年 9 月起，公安部网络安全保卫局部署开展"断号"行动，集中打击整治网络账号黑色产业链。

在宏观政策方面，中共中央办公厅、国务院办公厅于 2022 年印发《关于加强打击治理电信网络诈骗违法犯罪工作的意见》，要求强化系统观念、法治思维，坚持严厉打击、依法办案，实现法律效

---

① 《"帮信罪"为何成为电信网络诈骗犯罪链条上的第一大罪名？》，载 https：//www. spp. gov. cn/spp/zdgz/202204/t20220414_ 554040. shtml。

果与社会效果有机统一，坚持打防结合、防范为先，强化预警劝阻，加强宣传教育，坚持科技支撑、强化反制，运用科技信息化手段提升技术反制能力，坚持源头治理、综合治理，加强行业监管，强化属地管控，坚持广泛动员、群防群治，发动群众力量，汇聚群众智慧，坚决遏制电信网络诈骗违法犯罪多发高发态势。

在立法层面，2020年5月28日通过了《民法典》，设立了隐私权和个人信息保护专章。2021年8月20日通过了《个人信息保护法》，专门对个人信息保护进行规定。

2022年9月2日，第十三届全国人民代表大会常务委员会第三十六次会议通过了《中华人民共和国反电信网络诈骗法》（以下简称《反电信网络诈骗法》），第一次全面系统地对反电信网络诈骗进行立法。反电信网络诈骗法要求电信业务经营者应当依法全面落实实名制，办理电话卡不得超出规定的数量；要求金融、支付机构为客户应当建立客户尽职调查制度，依法识别受益所有人，采取相应风险管理措施，防范银行账户、支付账户等被用于电信网络诈骗活动；等等。

反电信网络诈骗法在电信、金融、互联网三个方面治理的基础上，提出综合措施，从根本上为切断电信网络诈骗的通信链、资金链、人员链提供法律依据，随意办卡、层层转卡洗钱的乱象有望得到遏制。组织、策划、实施、参与电信网络诈骗活动或者为电信网络诈骗活动提供相关帮助的违法犯罪人员，除依法承担刑事责任、行政责任以外，还应根据《民法典》等的规定承担民事责任。对于非法买卖、出租、出借电话卡、物联网卡、电信线路、短信端口、银行账户、支付账户、互联网账号以及因从事电信网络诈骗活动或者关联犯罪受过刑事处罚的人员，还规定了信用惩戒措施，限制其有关卡、账户、账号等功能和停止非柜面业务、暂停新业务、限制入网等。

反电信网络诈骗法立足源头治理、综合治理，侧重前端预防，变"亡羊补牢"为"未雨绸缪"，推动形成全链条反诈、全行业阻诈、全社会防诈的打防管控格局。反电信网络诈骗法共七章50条，自 2022 年 12 月 1 日起施行。可以说，反电信网络诈骗法的出台，使得打击电信网络犯罪从此进入一个新阶段。

在执法司法层面，为了加大防范打击力度，公安部门设立了"反诈中心"及时对受骗对象进行劝导、及时冻结银行卡止损，同时加强对涉诈银行卡资金的串并分析工作。公安部刑事侦查局推出了国家反诈中心 App，为普通用户提供预警、防范，方便用户及时报案。针对打击电信网络诈骗案件中出现的法律适用问题，最高人民法院、最高人民检察院、公安部联合出台了《关于办理电信网络诈骗等刑事案件适用法律若干问题的意见》（一）和（二），最高人民检察院发布了《检察机关办理电信网络诈骗案件指引》①规范相关案件的办理。在扫黑除恶专项斗争中，有关部门强化了对带有诈骗性质的网络"套路贷"的打击力度。

2022 年 6 月 29 日，最高人民法院等四部门联合发布《关于依法惩治妨害国（边）境管理违法犯罪的意见》，要求坚持全链条、全环节、全流程对妨害国（边）境管理的产业链进行刑事惩治。对于为组织他人偷越国（边）境实施骗取出入境证件，提供伪造、变造的出入境证件，出售出入境证件，或者运送偷越国（边）境等行为，形成利益链条的，要坚决依法惩治，深挖犯罪源头，斩断利益链条，不断挤压此类犯罪滋生蔓延空间。

根据党中央决策部署，2022 年 4 月至 9 月在全国开展打击整治养老诈骗专项行动。养老诈骗违法犯罪得到有力遏制，全国共立案侦办养老诈骗刑事案件 41090 起、破案 39294 起，打掉犯罪团伙 4735 个，抓获犯罪嫌疑人 6.6 万余人。养老领域涉诈乱象得到有效整治，全社会特别是老年人群体反诈防诈意识明显增强。打击整治养老诈骗永远在路上，须常态化开展打击整治养老诈骗工作。②

由于多管齐下，电信网络犯罪分子的生存空间受到挤压。但是，

---

① 《检察机关办理电信网络诈骗案件指引》，载 http://www.dffyw.com/faguixiazai/ssf/201812/45153.html。

② 《持续推进打击整治养老诈骗常态化》，载 http://www.chinapeace.gov.cn/chinapeace/c100007/2022－09/26/content_12673634.shtml。

电信网络诈骗犯罪形势依然严峻。数额较大的电信网络诈骗案件还时有发生，黑客入侵扫描获取公民信息的行为可以说一秒钟也未停止过，电信部门责任落实还未完全到位，虚拟改号软件还未从根本上加以杜绝。加之新型骗术不断出现，即使不贪图小利的人也难保不会中招，可以说防不胜防。打击电信网络诈骗犯罪是持久战，在这种情况下，结合司法实践的新发展，我们对《电信网络诈骗套路揭秘与防范》一书进行了再版修订，对案例进行了更新，对新型骗术进行进一步的揭秘，比如利用疫情的诈骗、养老诈骗等，进一步提示诈骗犯罪的表象与实质，以期待大众的防骗免疫力不断增强，减少利益受损的可能，提升人民群众的安全感。

目　　录

一、养老诈骗

养老诈骗是诈骗分子以"养老"为名、通过欺骗手段侵害老年人合法权益的违法犯罪行为。随着生活水平的提高，老年人对自己的晚年生活安排和自身的身体健康越发关注，但相当多的老年人防范意识不够高，在诈骗分子的花言巧语诱惑下，很容易上当受骗。一段时期以来，养老诈骗类犯罪呈高发态势，因此国家专门开展了打击整治养老诈骗专项行动。

（一）养老诈骗的种类

养老诈骗的形式有：以销售保健品、药品为名，骗取老年人钱财；冒充国家机关工作人员，以代办养老保险为名实施诈骗；以提供"养老服务"、投资"养老项目"为名，实施非法集资或诈骗，骗取老年人财物；等等。

（二）养老诈骗的方法

一是诈骗分子进行身份伪装，伪装成"老中医""专家"等，利用上课、讲座、电视台广告等方式获取被害人的信任。

二是诈骗分子以小恩小惠、甜言蜜语等各种方式拉近感情，使得被害人"自愿"上钩。

三是诈骗分子进行项目伪装，以参观"养老基地"等为名，让被害人"眼见为实"，诱骗老年人进行投资。

四是诈骗分子以不具有价值或与实际价值远远不符的保健品、药品、收藏品，骗取老年人钱财。

（三）养老诈骗的防范

一是对保健品、药品的购买，大家应听从正规医院医务人员的建议，不要轻信所谓"专家"讲课或电视广告。

二是不了解收藏品专业知识的老年人，不要去接触收藏品，否则被骗概率很大。

三是眼见不一定为实，有些所谓的养老基地其实只是诈骗的道具，根本不是骗子的财产。高回报面临高风险，投资应通过正规渠道进行。

四是对养老保险政策不明白的，应当通过官方途径去了解，不要相信所谓"拉关系""走后门"可以获得额外利益。

养老产品

随着人们生活质量不断提高，人们越来越重视身体健康，加之受"药食同源"传统文化的影响，保健品日益受到民众青睐。诈骗分子利用人们重视身体健康的心理，在网上虚假发布包治百病的保健品广告，或者以"同仁堂"等知名药店的名义，向民众电话推销保健品。在保健品诈骗中，诈骗分子懂得"舍得"二字的真谛，针对一些老人喜爱贪小便宜的心理，故意搞一些赠送礼品的讲座，或者以"免费试用""买一送一"等营销手段，让老人们觉得"买到就是赚到"。

一、典型案例

【案例1 免费健康咨询】 李某涛以其担任法定代表人的北京天康通健心脑血管疾病研究所有限公司为依托，伙同杨某等人为实施诈骗组成较为固定的犯罪组织，在北京市石景山区、丰台区等地，引诱老年人参加"健康讲座、免费健康咨询"活动。李某等人谎称为中国人民解放军总医院、空军总医院、北京医院、北京协和医院等知名医院的专家，骗取被害人信任，并以现场看病、开药的方式，将低价购进的保健品"百邦牌天元胶囊""百邦牌银杏丹葛胶囊"当作特效药品高价销售给被害人。杨某等人通过上述方式，骗取翟某等124名被害人93.74万元。①

【案例2 免费的鸡蛋】 会场内，情绪激动的老人们有的挥舞旗帜，有的起立鼓掌呐喊，这是瑞安某酒店健康讲座的一幕，陈某是一名听众，每次听讲座，老人们都能收到鸡蛋等小礼品。在陈某的印象中，每天都是周老师介绍蜂胶，称蜂胶能够治疗多种疾病。讲座宣称"真心舍得买，我就真心舍得送"，对蛇骨油、乌鸡蛋白粉、骨胶原等保健品进行"购返"活动。第一天，听众在讲座现场认购，到附近的生活体验馆交款提货；第二天，听众到讲座会场，公司会将现金返还给听众。陈某几乎参与了所有活动，不仅购买保健品的

---

① 《人民法院重点打击六类养老诈骗犯罪典型案例》，载 https://www.court.gov.cn/zix-un – xiangqing – 369771.html。

钱款全部返还回来，还拿到保健品。主办方组织了一场参观旅游活动，目的地是蜂胶厂家。陈某注意到在厂里蜂胶软胶囊每盒的价格为3990元。因此，当讲座推出这款蜂胶软胶囊的每盒价格为2999元时，陈某毫不犹豫地购买了6份。等他次日再去退款时，讲座会场和生活体验馆已经人去楼空。陈某感觉被骗，向公安机关报警。①

经侦查，蜂胶的实际价格为195元一盒，一场讲座，犯罪嫌疑人能卖出100多万元的产品，扣除诈骗的成本，犯罪嫌疑人可赚80多万元。温州地区就有13个讲课网点，已查明有几十个老年人上当受骗，被骗金额约40万元。警方侦查发现，湖南长沙云亿科技有限公司系诈骗活动的幕后主办方，负责各个会场人员安排、货物调配、资金结算分配等事项，周某、刘某、左某、管某等人分别组织作案小组流窜全国各地，专门针对老年人实施诈骗。在公安部部署下，温州警方派出20个抓捕小组分赴全国各地，已抓捕犯罪嫌疑人118名，破获案件520起，涉案金额达2000万元。

【案例3 不靠谱的微商】 一次偶然的机会，刘某结识了一名网上卖保健品的微商，第一眼看到微商的产品时，刘某十分兴奋，感觉长期困扰自己的疾病有治了。刘某加微商为好友，微商自称出售的产品都是纯天然的，对治疗刘某的疾病十分有效。刘某购买了200多元的药品，用了一个礼拜后，刘某感觉并无效果，微商称必须继续服用，才会有效果。刘某又向微商购买了一个月的疗程药品，服用一个月后，刘某身体并无好转，而且延误了治疗。为了治好自己的身体，刘某从网上看到一种保健茶，根据广告宣传，刘某觉得这种保健茶适合自己。为茶做推销的是张女士，张女士不仅口才好，而且人也长得漂亮。张女士非常关心刘某，晚上还与刘某交谈养身保健事宜，张女士还向刘某吐露自己悲惨的遭遇。刘某与张女士在网上聊得十分投机，刘某决定购买500元的保健茶。在一次聊天过程中，张女士给刘某发送一段语音，没有想到竟然是男子的声音。至此，刘某才意识到自己又上当了。

二、诈骗套路

一是诈骗分子利用老年人关注健康的心理，暗示保健食品具有治疗效果，甚至声称包治百病，或以无效退款、无毒副作用等虚假承诺诱骗消费者。

二是诈骗分子假借国家机关、事业单位、医疗机构、学术机构或行业组织的名义，为保健品的功效做虚假宣传，广告含有无法证实的"科学研究发现"

① 《195元的保健品卖2999元，一场讲座"赚"80多万元！这群骗子专挑老年人下手……》，载http：//www.sohu.com/a/193519812_141765。

"实验数据证明"等措辞，诱导老年人购买保健品。

三是诈骗分子冒充保健专家、教授等，实施电话诈骗或利用电视、电台、报刊等媒介推销保健药品，使受害人信以为真。

四是诈骗分子通过赠药、免费试用、免费咨询、发放礼品、抽奖等方式，吸引老年人参加各种促销活动。诈骗分子雇人制造争先恐后购买产品的假象，给老年人制造"不买就没有了、不买就吃亏"的心理暗示，老年人不知不觉被洗脑，争先恐后地购买大量的保健品。

五是为了取信于被害人，诈骗分子大多采取货到付款的方式。诈骗分子假冒专家、医生或者健康顾问，引诱被害人汇款。

六是电视购物接线员接听消费者电话的固定套路是先挂断，再以顾问身份回拨，按照打印好的内容把产品功能念给顾客听，病情分析也是按照事先培训的固定话术进行描述。

七是当话务员成功向患者出售产品，并不意味着诈骗结束。顾客购买产品后，诈骗分子以售后助理、专家、主任等身份进行回访，谎称可以退款，要求顾客交纳手续费、会员费，或诱导顾客购买使用新的保健品。

三、防范对策

一是遇到自称医疗保健等机构的人员来电，一定要查证是否真实存在，来电号码是否确属该机构使用。

二是不要轻信 QQ、微信等社交平台发布的或电话推销的购物信息，不要轻信保健品的疗效，以及医保返现、特效药、高价回购等说法。

三是在购物、就医等过程中，谨慎填写个人信息，严防个人信息的泄露。

四是子女应当常回家陪伴父母，向父母介绍一些常见的网上骗术，以免父母因缺乏辨别能力而上当受骗。

五是公检法司等具有普法职责的部门，要运用报纸、电视、宣传栏等多种形式及时揭露诈骗分子的诈骗伎俩，提高民众识别诈骗的能力。同时，相关职能部门要加强对电视购物、电台广告的审查，防止犯罪分子利用官方媒体行骗或作虚假广告。

养老帮扶

诈骗分子利用国家工作人员具有公信力高的特点，虚构身份，以国家扶持的养老、补贴、扶贫等项目名义，向不特定的群众特别是老年人进行宣传，骗取钱财。

一、典型案例

【案例1　冒充国家工作人员办理养老保险】　李某原系乡镇社保部门临时工作人员，后被开除。2018年，李某结识王某，王某得知李某曾在社保部门工作，提出帮忙办理城镇职工养老保险的请求。李某明知无能力帮助他人办理补交职工养老保险，仍谎称可通过挂靠企业的方式办理，并通过王某介绍，以帮助他人办理职工养老保险、可领取职工养老保险金等为名，先后骗取包括多名老年人在内的8名被害人107万余元，所骗钱款除极少数为被害人缴纳灵活就业保险以获取被害人信任外，其余均用于个人挥霍。

【案例2　虚构国家扶贫项目发展会员】　程某某冒充国家扶贫工作人员，伙同谢某某等13人以谋取非法利益为目的，虚构"金种子"国家扶贫项目，假借提供"养老服务""医疗服务"等为名实施电信网络诈骗，并通过微信裂变式发展下线团队。以程某某为首的诈骗犯罪集团利用人民群众信任国家扶贫工作、渴求养老医疗服务的心理，通过电信网络技术等手段面向全国宣传缴纳97元会员费便可成为"金种子"项目会员、会员达到一定规模后即可获得巨额扶贫补助款并享受养老医疗服务等虚假信息，骗取被害人缴纳会员费。该诈骗犯罪集团在全国范围内骗取23万余名被害人共计2300万余元，其中骗取10.34万余名老年被害人共计1003万余元。①

二、诈骗套路

一是诈骗分子招聘团队组建公司，通过非法购买公民信息等方式寻找诈骗

---

① 《注意"养老项目""养老产品""养老保险"里的坑》，载 http://cq.people.com.cn/
n2/2022/0705/c365402－40023975.html。

目标，并通过微信、电话等方式与受害群众进行联络。

二是团队成员冒充国家工作人员，虚构成国家支持的扶贫、养老项目，利用部分群众特别是老年群体寻求养老保障的心理，在全国范围内广泛吸纳会员。

三是在取得老年人的信任以后，诈骗分子要求被害老年人交纳会员费、材料费等以办理相关手续，骗取巨额钱财。

三、防范对策

一是加大公民个人信息的保护力度，加大对侵犯公民个人信息犯罪的打击，防止个人信息被不法分子利用。

二是加大对扶贫、养老政策的宣传力度，特别是政策内容、办理程序等，提醒老年人增强防骗意识，抵制虚假的扶贫、养老项目，办理相关业务应到当地镇村、社区或当面进行，不要轻易将钱款移交给他人或通过网络办理。

三是持续加大对涉养老诈骗犯罪的常态化打击力度，在全社会形成良好的氛围。

养老投资

我国已经进入老年社会，由于有些老年人的防骗意识较低，因此针对老年人的投资诈骗时有发生。诈骗分子对所谓的投资项目或商品进行虚假宣传，以高利回报、高额分红、快速致富等为诱饵，以各种方式拉拢老年人的感情骗取信任，通过"现场参观"等方式诱骗老年人签订合同进行投资，最后导致受骗的老年人遭受损失。

一、典型案例

【案例1 以投资养老产业为名集资诈骗】 曹某铭设立江苏爱晚投资等系列公司，以提供居家养老服务、进行艺术品投资等"老龄产业"为幌子，由团队成员通过免费发放鸡蛋、米、油等生活用品；吸引养老群体参加公司活动，向老年人宣讲老龄健康、老龄金融、老龄文化等公司六大老龄板块，夸大宣传养老产业前景、规模；使用极少数集资款设立根本不具备养老条件的养老社区、打造居家服务项目等，组织老年人参观、试住；邀请影视明星广告代言等手段，进行虚假宣传，夸大经营规模、投资价值，并许诺给付年化收益率为8%—36%的高额回报。骗取宣传对象的信任后，"爱晚系"公司通过与其签订"居家服务合同""艺术品交易合同"等方式，累计向11万余人收取集资款132.07亿余元。曹某铭因担心资金链断裂，大量转移、隐匿资产，销毁、掩藏证据后逃往国外后被抓获。案发时，给集资参与人造成本金损失46.98亿余元。①

【案例2 不具有收藏价值的收藏品集资诈骗】 许某燕冒用他人名义注册成立博某商贸有限公司，专门以"退休、有闲钱"的老年群体为对象，组织员工将低价购买的纪念币、邮票等物品渲染成具有艺术价值、收藏价值的收藏品，诱骗老年群体购买并承诺一年后溢价20%回购。为骗取老年群体对公司的信任，许某燕等人采取了诸多包装手段：一是租赁、装修经营场所，统一

---

① 《检察机关打击整治养老诈骗犯罪典型案例》，载 www.spp.gov.cn/xwfbh/wsfbt/202206/t20220617_ 560010.shtml#2。

员工着装，并虚假宣传"公司总部位于北京、全国连锁经营，产品合法合规"，伪装成正规经营的假象。二是频繁组织公司员工到老年人经常聚集的小区、公园、菜市场等场所，以免费分发鸡蛋、洗衣液等方式，配合虚假宣传，获取老年人关注并拉近关系。三是对有购买可能的老年人，组织公司员工帮助老人打扫卫生、照顾老伴、陪同聊天，甚至以认"干亲"等骗取老年人信任。四是定期组织老年人参加公司的"拍卖会""交易会"，导演"拍卖""交易"公司收藏品的骗局，虚假宣传"早投资早受益、多投资多受益"。为防止老年人的家人发现，许某燕等人在销售时将所谓"收藏品"装入黑色袋子密封，以"防光防潮""影响回购"等理由叮嘱老人不得打开。案发时，许某燕共非法吸收资金192万余元，仅向部分老年人返还本金及收益18万余元，未兑付本金173万余元。2021年3月22日，山东省邹城市人民法院以集资诈骗罪判处许某燕有期徒刑七年六个月，并处罚金五万元。①

【**案例3 以提供"养老服务"为名实施非法集资犯罪**】 肖某某、陈某某与蔡某某共谋以开展养老服务之名实施非法集资，先后成立自贡益寿园养老服务有限公司、四川归然养老服务有限公司，并在自贡市、内江市、攀枝花市等地设立分公司或营业网点。三人明知公司无融资资质，"养老基地"不可能建成使用，仍安排融资团队以养老服务名义，采取打电话、发传单、推介会、口口相传等方式，辅以发礼品、参观"养老基地"等手段，在自贡市等地公开集资，承诺支付每月1%—3%的固定收益、享有养老基地优先居住权和折扣及期满后返还本金，与集资参与人签订《预存消费协议》《预存合同》等，收取预存消费款，共吸收189名老年人562万余元。融资团队从集资款中提成45%—50%，其余除用于公司运转外，被肖某某、陈某某和蔡某某等人分赃。②

二、诈骗套路

一是诈骗分子招聘团队组建公司，通过线上线下、电话、网络甚至明星代言进行推广，寻找诈骗目标。

二是团队成员并不立即进行推销，而是通过聊天、发放礼品各种手段与老年人联络感情，以获取信任。

---

① 《许某燕集资诈骗案》，载 https：//www. spp. gov. cn/spp/djzzylzp/202206/t20220617_560405. shtml。

② 《人民法院重点打击六类养老诈骗犯罪典型案例》，载 https：//www. court. gov. cn/zixun－xiangqing－369771. html。

三是在取得老年人的信任以后，诈骗分子通过各种方式进行虚假宣传，夸大投资项目的价值，诱骗老年人投资。

三、防范对策

一是子女要更多地关心老年人的生活状况，勤联系、多关注、常提醒，不给诈骗分子打情感牌以可乘之机。

二是有关部门要通过电视、广播等进行以案释法，向老年人宣传防诈反诈知识，占小便宜可能吃大亏，守护好自己的养老钱。

三是有关部门加大对涉养老诈骗犯罪的常态化打击力度，在全社会形成良好的氛围。

四是信息监管部门进一步加强对老年人的个人信息保护，防止个人信息被不法分子利用。

二、情感诈骗

诈骗的目的是获得财产性利益，但在并不存在对等商品交易关系的情况下，诈骗分子的惯用伎俩就是打"感情牌"，在被害人失去心理提防的情况下，轻易地交出财产，甚至被骗后还不认为是被骗。喜欢上网的人、渴望爱情的人、有爱心的人、学生家长等都容易成为情感诈骗的对象，熟悉互联网但风险防范意识较差的年轻学生群体，也是容易受到诈骗的主体。

（一）情感诈骗的种类

人有七情六欲，诈骗分子针对被害人的心理弱点，设计以下情感类诈骗：一是不正当的情感，包括婚外情、一夜情、艳遇等。在网络诈骗中，犯罪嫌疑人冒充纯情妙龄少女、闺中怨妇，通过短信、电话、微信和网络的方式，联系被害人。当"小鲜肉""小帅哥""美女"频频招手的时候，绝对能勾动一些登徒子的情感冲动。二是利用当事人渴望爱情的心理，伪装成"高富帅""白富美"，通过甜言蜜语引诱被害人上钩，一旦被害人感情迷失，诈骗分子就会以炒股等方式，要求被害人向指定的银行卡汇款。三是"恻隐之心，人皆有之"，诈骗分子利用被害人的爱心、同情心，以出售宠物或免费赠送宠物为诱饵，要求被害人提供保证金、防疫费、保险费等费用。

（二）情感诈骗的方式

一是伪装成"高富帅""白富美"，用甜言蜜语，体贴入微式的关怀吸引好色男上钩，引拜金女上当，让被害人错觉对方爱自己爱得太深，爱得感天动地，然后，诈骗分子以新店开张、父母寿辰等名义，要求被害人送花篮。

二是诈骗分子将自己的微信头像换成明星或清纯少女，在微信留言中故意释放一些暧昧的语言，然后通过微信中搜索"附近的人"功能，主动联系他人。

三是通过黑客手段，盗取网络知名主播账号，冒充知名主播，利用粉丝的崇拜心理，主动联系粉丝，要求粉丝向指定的账号汇款。

杀 猪 盘

"杀猪盘"是诈骗团伙对交友婚恋类网络诈骗的俗称。诈骗分子准备好人设、交友套路等"猪饲料",将社交平台称为"猪圈",在其中寻找被他们称为"猪"的诈骗对象。通过建立恋爱关系,即"养猪"。最后骗取钱财,即"杀猪"。"杀猪盘"里没有爱情,只有充满谎言和欲望的一群磨刀霍霍的"屠夫"。

一、典型案例

【案例1 利用网站漏洞赚钱骗术】 2020年3月至2021年8月,宋某某、岳某、周某等人先后从云南边境非法偷越国境至缅甸邦康地区,参加"三正佳堡"诈骗集团,针对大陆公民实施电信网络诈骗。诈骗集团分为组员、组长、大组长、主管、老板等层级,大组长管理几个小组并负责考勤及后勤,组长负责管理组员,组员,通过冒充军人、商人等成功男士身份,充当"聊手",负责添加好友、聊天等。

诈骗窝点提供话术本供组员学习培训;提供诈骗使用的手机、电脑、聊天账号、虚构的身份资料等供组员诈骗使用;由组员充当聊手"养号",即通过"陌陌""soul"等App添加单身女性为好友,进而引流到"微信""QQ"等App,假装跟被害人谈恋爱以骗取信任;在取得被害人信任后,谎称发现"澳门新葡京""大连商品交易所"等网站漏洞可以挣钱,并提供账号让被害人试操作,实际上为该诈骗集团制作的虚假网站,进而引诱被害人自己在网站注册账号投资;后由本人或交给组长、主管等"挖金",即骗取被害人投资,在被害人提现时继而以需要缴纳保证金、解冻金等名义诱使被害人充值,不断骗取被害人财物;组员可以获得诈骗金额20%的分成。

【案例2 游戏输赢都是诈骗分子控制的】 易某从中国偷越国境至缅甸后,加入其胞弟在孟波县新康酒店、维加斯赌场等处设立的电信网络诈骗窝点。该犯罪集团实施公司化运作,公司为全体成员提供食宿且报销路费。集团成员之间分工协作,在集团内部设立前台、客服、后勤、财务等部门,设立组员、组长、代理、主管、老板职位,分工负责、层级管理,制定严格的奖惩制度，编制成熟的"话术剧本"，统一配备电脑、手机等作案工具，采取底薪加提成的模式激励集团成员行骗，并按照一定比例层层返利。期间，易某负责后勤保障，安排后勤工作并拟定后勤工资，听取部分组长、代理的工作汇报。

该诈骗集团诈骗方法俗称"杀猪盘"，由组员负责在前台按照剧本假扮形象良好的成功人士，通过陌陌、探探、抖音等社交软件搜寻中国境内不特定网络用户作为目标人物，采取拉家常、套近乎的方式添加为微信好友，以谈恋爱、交朋友为由骗取被害人的信任，趁机引诱被害人进入"腾讯游戏""腾讯理财通""腾讯欢乐竞赛"等虚假博彩网站赌博。组员与后台客服人员相互配合，通过后台修改数据控制游戏输赢，一开始刻意让被害人获取小额返利，继而自行或交由组长"钓大"，以预定彩金、资金解冻、升级VIP、代扣税收、代为充值等手段，诱使被害人追加充值，最终使被害人亏空或无论输赢均不予返现。组长负责督促组员完成任务及"钓大"，从组员业绩中获取分成。代理负责招募新组员加入集团及以现金方式发放底薪、提成，从引荐的组员业绩中获取分成。主管负责管理组长和绩效考核，从分管片区的组员业绩中获取分成。老板全面负责集团运作，享有利益分配权、资金结算权。客服负责在后台配合前台组员行骗，为被害人提供充值账户及进行游戏充值，按要求返现或"钓大"。该犯罪集团通过上述诈骗手段骗取近百名被害人，违法所得累计人民币一千八百余万元。

二、诈骗套路

一是"找猪"。诈骗分子通过"陌陌""soul"等App添加单身人士为好友，进而引流到"微信""QQ"等App，谎称跟单身人士谈恋爱以骗取对方信任。

二是"养猪"。"养猪"的核心就是培养感情，对被害人进行感情控制。在聊天过程中，诈骗分子根据话术脚本，对被害人甜言蜜语、倍加关心，并没谈投资、博彩一类的事宜，只聊家常、情感，使被害人以为在网络上找到了真爱，对犯罪分子失去警惕。

三是"杀猪"。诈骗分子无意中透露出掌握一些网站漏洞，掌握赚钱秘诀，诱导被害人在虚假网站进行投资或投注，并在初期让被害人尝到甜头，但事实上并不能提现，只是空头数字。等被害人上钩后，诈骗分子诱导被害人进行大额投资或下注，并在后台修改数据，使被害人误以为是投资失败或赌输了，只是运气不好而并不是被骗。

从诈骗手段看，此类诈骗有两个"杀手锏"：一是情感控制；二是利益诱导。诈骗分子首先用情感套牢被害人，再用利益引诱被害人，最终实现骗取钱财的目的。

三、防范对策

一是我们要提高个人信息保护意识，在各种网络平台注册时，要防止信息泄露。

二是网络恋爱，一定要通过各种渠道查明其真实身份，不了解底细的网络爱情可能是陷阱。

三是网络恋爱，不要被感情冲昏了头脑，不可在对方底细不清的情况下将自己的真实情况和盘托出。

四是拒绝高利诱惑，天上不会掉馅饼，地上会有陷阱。不可以在恋爱阶段在网络上进行大额投资，网络赌博更是不合法，即使不是网络诈骗，也不可能通过网络赌博赢钱，因为后台都由赌博集团控制。

五是网购尚且要见到商品才能确认收货，网络恋爱在未见到真人且未确实了解的情况下不可有资金往来。

宠　物

诈骗分子利用民众对动物的爱心，在网络上发布一些可爱的动物图片，声称免费赠送或低价出售宠物。一旦被害人主动联系，诈骗分子就以快递费，检疫费，保险费等名义连环设套，要求被害人向指定的银行汇款。为了骗取被害人的信任，诈骗分子的同伙故意冒充快递人员联系被害人，声称只要被害人再交纳一定的费用，就可以领到可爱的宠物。

一、典型案例

【案例1　宠物快递员】　白某在网上看到"免费领养萨摩耶"的帖子，随即电话咨询对方。对方称家里萨摩耶母狗生下5条小狗，需爱心人士带走，只要对小萨摩狗真心，就免费赠送，双方还一度聊到"狗肉节"。"吃狗党"的举动，更加激发白某的爱心，坚定了白某领养小萨摩耶狗的念头。白某将自己的联系方式发给对方，不久，一名快递员联系白某，声称需要收取托运费430元，询问白某是否同意。白某觉得可以接受，向对方指定的账号汇款430元。随后，快递员又向白某索要500元的代为管理费。当白某交完管理费后，快递员又以"宠物注册费"，"押金费"等名义，骗走白某1400元。当对方再次要求白某汇款2000元的"过渡费"时，白某意识到被骗，向公安机关报警。

【案例2　网上买猴遭遇连环套】　董女士在网上与卖猴人约定，先交650元的定金，对方将猴子空运给董女士之后再收取尾款。卖猴人收到定金后，声称猴子必须先检疫才能空运，董女士还需转账3700元的检疫费。为了猴子能够顺利空运，董女士向对方转账3700元。3月17日，1名快递员添加了董女士的微信，对方说需要给猴子打疫苗才能运过来，费用是2000元，董女士又向快递员的微信转账2000元。3月18日下午，董女士还是没能收到空运的猴子，立即联系卖家。卖家告诉董女士，可能是没有给猴子买保险金，快递公司才没发货。卖家称猴子是特殊物品，董女士需要为其购买4000元保险，12个小时后，保险金会自动退还给董女士。董女士又向对方转账4000元。没想到的是，对方收到转账后，立即删除转账信息，并把转账信息删除后的聊天

— 15 —

记录截图发给董女士，声称没有收到董女士 4000 元的保险金，要求董女士重新转 4000 元过去。此时，董女士终于意识自己遇到了骗子。

二、诈骗套路

一是诈骗分子往往以物流公司名义，选择喜欢养宠物的爱心人士为侵害对象，在网络上发布虚假信息，如在网络、微信圈中发布出售宠物或赠送宠物的虚假信息，一旦被害人主动联系，就会以定金，保险费、检疫费等名义，要求被害人先行付款，骗取被害人的汇款。

二是诈骗分子利用物流业收取所谓托运费、管理费、宠物注册费、装卸费、加工费作为诈骗手段，逐步诱使被害人跳进骗局，要求不断汇款，直到受害人发现被骗。

三、防范对策

一是公安机关应当通过多种渠道及时揭露诈骗分子诈骗方法，作出安全提示；同时加强网络巡查力度，一旦发现此类诈骗广告，要及时采取封堵措施，全力挤压此类诈骗的网络生存空间。

二是对于网上的"免费领养宠物"信息，我们要仔细核对。如果需要支付物流费或其他费用，要选择货到付款，掌握交易的主动权。

三是在购买宠物或接受宠物时，最好选择同城交易，当面领养，谨慎对待异地领养，或选择自己熟悉的物流。

网　恋

诈骗分子冒充"高富帅",通过征婚网站,筛选大龄女青年为围猎对象。诈骗分子利用大龄女青年急于成婚的心理,以甜言蜜语哄骗被害人,以共同创业、投资、给父母祝寿等名义,骗取被害人钱财。或者一起外出游玩时,诈骗分子谎称自己钱包不慎丢失等理由,向被害人借钱借物。一旦感觉到被害人警醒或者被害人无钱可骗,诈骗分子就切断与被害人的联系。

一、典型案例

【案例1　"闪恋"被骗】　赵某在微信群中加好友时结识孙姓女子。经过短暂的聊天,赵某与孙某一聊钟情,双方以"老公""老婆"相称。交往期间,赵某先后52次以朋友女友要做人流、出车祸需要手术费、自己打架被抓需缴纳保证金等为由,向孙某借款16万元。经朋友提醒后,孙某感觉自己被骗,向公安机关报警。

经调查,赵某是个身无分文、前科累累、嗜赌成瘾的小混混,16万元的借款被其挥霍一空。孙某与赵某未见过一次面,双方仅是通过微信联系,短短2个月时间,赵某为何能够迅速捕获孙某的信任?一是情感空虚寂寞。孙某现年30岁,未婚,与男友分手多时,情感上没有找到寄托,通过微信搜索陌生朋友时,找到赵某,看到对方帅气的头像时被强烈地吸引,开始热烈交往,以为在网络空间找到了老公。二是对金钱的崇拜正中对方下怀。赵某谎称是南京一家上市公司的法定代表人,座驾是"玛莎拉蒂",在市区开了一家高档酒店。听到孙某的吹嘘后,孙某立时对赵某产生敬仰之心。聊天中,赵某不时通过微信炫耀自己拥有名牌手表等奢侈品的图片,让孙某对赵某"高富帅"的身份深信不疑。孙某认为"赵总"这么有钱,跟着赵总,自己不会吃亏。三是畏惧对方的威胁。孙某不止一次地要求赵某还钱,赵某以各种理由拒绝,同时不断威胁孙某,赵某声称再逼自己还钱,之前借款一律不还,孙某被迫答应赵某多达52次的借款要求。为了攀上赵某,孙某掏光自己所有积蓄,甚至向自己的好友借款6万多元人民币转账给赵某。

【案例2　"六合彩"内幕】　日籍华人齐藤美惠向大陆公安机关报警:

2016 年 10 月，微信昵称"白开水"添加齐藤美惠为好友。"白开水"称其是香港恒生集团风险控制部的部长，名叫安仲良，独居香港。添加好友后，通过3 个月的聊天，双方信任度不断提升，齐藤美惠对安仲良的身份深信不疑。安仲良先是以知情香港六合彩内幕消息为由，动员齐藤美惠投注。在爱情的感召下，齐藤美惠向安仲良指定的账户汇款 3 万元美元。随后，安仲良谎称齐藤美惠中了巨额奖金，需交个人所得税、保证金为由，要求齐藤美惠向指定账户先后汇款 24 万元人民币、30 万元人民币。为了获得巨额的奖金，齐藤美惠 3 次向安仲良指定的账户汇款 74 万余元人民币。最终，齐藤美惠并未收到奖金。

【案例3　交友网络的"惯骗"】　　阿芳是亲友眼中的"剩女"，为尽快找到另一半，阿芳在某交友网站注册了一个 ID。很快，一名姓薛的男子联系了阿芳，薛某自称离异，现年 50 岁。经过半个月的聊天，薛某主动提出见面，请阿芳吃夜宵。第一次见面，阿芳感觉薛某成熟稳重。经过几天交往，阿芳与薛某开始同居。同居后，阿芳发现薛某喜欢上网赌球。薛某称资金周转紧张，向阿芳借了 1 万元。薛某承诺等自己卖掉房子，立即还钱给阿芳。后薛某称已经将房子卖掉，让阿芳帮他找房子租住，租金暂时由阿芳支付。其间，薛某还了阿芳 1 万元。随后，阿芳与薛某在北湖的菜市附近租房居住，阿芳花费了 1 万元的租金。不久，薛某提出要和阿芳结婚，要算一算"八字"。算完"八字"后，薛某告诉阿芳，他们的"八字"不合，彼此相克，晚上 8 点前必须离开租住的地方，只能白天见面。虽然阿芳有点纳闷，但还是相信了薛某。此后，阿芳白天偶尔去租住的房子。后来，阿芳发现屋内有其他女人的衣服和鞋子。每次阿芳追问是谁的衣物，薛某都会发火。直到有一天阿芳联系不上薛某，便去薛某住地查看情况。薛某不在暂住地，但是，房间还有薛某的一些证件。此时，与阿芳同样遭遇的阿珍找上门来。

阿珍，34 岁，南宁人，未婚，个体户，大专文化。阿珍的交际圈很小，身边没有太多的优秀男士。半年多前，阿珍失恋了，就想快点找到另一半。阿珍在某交友网站注册一个 ID，薛某主动联系阿珍。阿珍查看薛某的交友资料，觉得薛某符合自己的择偶要求，双方开始交往。薛某提出请阿珍吃饭见面。当时，薛某还带着一男一女。当天晚上，4 人喝了不少酒。后来，阿珍被薛某带回他的住处，两人发生了性关系。之后，阿珍和薛某就以男女朋友的关系交往。交往后，阿珍发现薛某不仅在网上赌球，还玩六合彩。阿珍无意间跟薛某提及今年做生意不好做，薛某提出让阿珍把钱交给他赌球，很快就会赚回来的。阿珍将信将疑地将 1 万元给了薛某。1 个月后，薛某返还阿珍 12000 元。阿珍觉得薛某的赌球水平比较高，就将 3 万元交给了薛某。11 月，阿珍催薛某还钱，薛某以各种理由推脱。12 月 14 日，阿珍发现联系不上薛某，以为他出事了，就到他的住处寻找。没想到，自己竟然发现薛某脚踏多条船。

【案例4 借钱的"富二代"】 李女士接到一条请求添加好友的微信。对方与她同在一个聊天群，没有多想，李女士添加对方为好友。聊天中，对方自称王浩，家里在北京经营4S店、房地产公司、影视公司等产业。聊了没几句，王浩称两人聊天十分愉快，为了表达自己的心意，将赠送李女士价值十余万的名牌包包，李女士对王浩豪爽的举动颇有好感。

几次聊天后，王浩约李女士见面，李女士欣然应约。约会时，王浩开着一辆白色的路虎牌越野车接李女士吃饭。途中，王浩说要去买一包香烟，李女士独自留在车上，王浩的手机碰巧落在车上。王浩刚刚下车没多久，其手机便收到一条短信。李女士瞥了一眼，发现是抬头"95"某银行发的刷卡提醒信息，信息显示王浩的1张银行卡消费了3万元，余额3600多万元。李女士认为装富二代的人太多了，对王浩也曾有点怀疑。但当她看到银行发给王浩的提示短信后，李女士认为王浩是真有钱。

随后的几天里，李女士与王浩相处愉快，一同前往五台山游玩许愿。意外的是，刚从五台山下来，王浩就称钱包丢了，向李女士借钱应急。李女士认为王浩那么有钱，不会不还自己钱的。没有犹豫，李女士就借给王浩2万元。随后几天的游玩中，王浩不是要给亲戚看病，就是要给朋友上礼，由于银行卡还未补办，王浩不断地向李女士借钱，甚至拿着李女士的银行卡直接取钱。一周多的时间，王浩先后从李女士手里借走了30多万元。游玩回家后，李女士要求王浩还钱，王浩称自己随便哪张银行卡中都会有几千万元，让李女士放心，这点小钱不会不还。王浩频繁借钱，总找各种理由推托不还，李女士对王浩起了疑心。此后，李女士将王浩送给她的上百万名表拿去鉴定，结果为价格低廉的假货。李女士已经确认自己遇到骗子，但是，并没有立即报警，而是试着与王浩沟通。李女士的退让，没有换来预期的结果，王浩玩起了失踪。无奈之下，李女士向太原市公安局报警。

经侦查，王浩真名陈某，没有正当职业。到案后，陈某拒不交代犯罪事实。经调取陈某的银行转账记录，侦查人员陆续找到7名受害人。7名受害人全部是30岁左右家境富裕的单身女子，她们受骗的经历基本相似，都是在一个"高端聚会"上认识的陈某，凑巧看到银行发给陈某的刷卡信息。在与陈某相处中，陈某都自称丢了银行卡、身份证，向她们借钱。

二、诈骗套路

一是诈骗分子通过各种关系，混入"高端聊天群"，物色家境富裕的单身女性搭讪。而在被害人看来，能够参加这些聚会的人都是有身份的人。

二是诈骗分子虚构"富二代"的身份，通过送"名包""名表""名车"，博得对方的好感，故意让对方看到所谓的银行提示短信。其实，那些信息是诈骗分子用另一部手机发出的，目的就是让对方相信自己的身价。

三是诈骗分子交往时很体贴，又会说一些甜言蜜语，让交往对象听了非常开心，被害人很容易上当受骗。

四是诈骗分子自报的身份无一不是身家千万，有多家上市公司，或有多处住宅的成功人士。对女性出手阔绰、毫不吝啬，约会的地点选择在星级酒店，赠送的礼物也是各大名牌。诈骗分子巧舌如簧，以许诺结婚为诱饵，迷惑与其接触的女性，骗取芳心。

五是诈骗分子利用微信定位修改器，将自己的微信位置修改到国外，再利用微信中搜索附近人的功能，添加海外华人中年女性为好友，谎称自己是金融集团的高管，将自己伪装成中年单身成功人士，骗取对方信任。

六是与被害人确定关系后，诈骗分子会以自己有过硬的关系，投资某项目可获高利或自己缺钱为由，向对方借钱或者邀请合作投资。钱物到手后，诈骗分子就会立刻疏远被害人。

三、防范对策

一是恋爱之初，最好找一个值得信任的密友充当"军师"，关键时刻有人给自己泼泼冷水，以免自己迷失在爱情的骗局中。

二是不要轻信他人话语和轻易约会，结婚骗子多会采用甜言蜜语敲开异性的心扉，应尽量多沟通，增进了解。

三是见面前，最好先视频聊天观察对方，以便全面地了解对方，再决定是否见面。研究表明，视频聊天会比文字聊天传达更多的信息。

四是留意对方谈话的前后逻辑性、信息连贯性，哪怕对方平时说话很周密，遇到紧急情况往往可能暴露其真实心态。

五是摸清对方的住址和工作单位，最好验证一下对方的身份证号码，防止匆忙交往而上当受骗。

六是双方没有见面前，对方就说他爱你，不要天真地以为自己恋爱了，一个人在网上的言行与现实生活中的言行可能会有巨大的差距。

七是不要轻率地与对方发生性关系，否则，得不偿失。被害人一旦在甜言蜜语哄骗下失身，就会失去提防之心，容易上当受骗。在被害人的潜意识中，既然身体放心地交给了对方，那么，钱财交给对方也是安全的。

女 主 播

随着短视频的兴起，女主播成为越来越受关注的群体。有的女主播以提供特殊聊天服务、与被害人谈恋爱为诱饵，不断地诱导被害人向特定的账号汇款，以提高自己的服务等级。或者，诈骗分子制造虚假的直播网站，以提升直播女的知名度为借口，骗取直播女的押金、保证金。

一、典型案例

【案例1 "单身离异"的女主播】 2021年8月至9月，王某伙同杨某在江西省南昌市建立两个工作室，招募两名女主播及业务员若干。各业务员根据王某、杨某提供的微信号，将自己虚构成"苏柔""杨乐""周颖"等姓名的单身离异女性；杨某负责联系"打粉"（在"抖音"等平台推介），骗取大量男性微信用户添加上述女性为微信好友；两名女主播冒充单身离异女性，根据安排拍摄照片、视频、语音等素材供业务员聊天、"养号"使用；各业务员使用上述微信号以该单身离异女性名义通过固定的话术和被害人进行聊天，以恋爱交友的名义获取被害人信任，后谎称该女性在应聘直播平台主播，需通过三天考核期后才可以获得该份工作，届时可到被害人所在地共同工作生活，要求被害人以充值的方式支持自己的工作。

杨某先后联系"秀呔""抖趣""米粒"等直播平台，由女主播在上述平台指定直播间进行直播，其间，以首次充值、礼物清单、"直播PK"等方式，并采用指使业务员充当"水军"烘托气氛、勾结平台控制"直播PK"输赢等手段，诱骗被害人进行充值打赏，共骗取被害人钱财32万余元。一轮诈骗需要6天时间，6天过后业务员就会以没通过考核、心情不好为由慢慢跟客户不再联系。

【案例2 女主播的"特色服务"】 石先生与一名网络女主播聊天，对方提示其充值，缴纳押金，可以享受更多的特色服务，服务不满意以退款。在女主播的诱导暗示下，石先生充值11次，金额达2万余元。充值后，石先生并没看到女主播的"特色服务"，而且平台不退还押金。石先生感觉被骗，向公安机关报警。经侦查，巴南公安机关在沙坪坝区将犯罪嫌疑人罗某、全某、杨某等人抓捕归案。

经审讯查明，罗某、何某、全某合伙开设聊天网站。在日常运行过程中，何某负责维护网站，罗某、全某负责网站的经营。由于杨某长期在直播平台担任代理，所以罗某委托杨某在网上招募其他主播。受害人点击进入犯罪嫌疑人开设的网站聊天室，充值10元的会费成为网站的初级会员，就可以与女主播聊天50分钟。聊天过程中，女主播主要工作是引诱受害人不断充值。女主播谎称，只要被害人充值达到一定的数额，就可以看到激动人心的裸体表演。实际上，网站上播放的节目并非女主播的实时直播，而是早已下载好的视频，视频中并没有想象中的特殊画面。其中，与受害人聊天的"美女主播"基本上都是男性犯罪嫌疑人假扮的，只不过是换了头像使用从网上下载的美女视频而已。

【案例3 被骗的女主播】 莉莉是1名网络平台的主播，一直没红。直播时，莉莉收到过不少新平台的邀请，邀请的内容大多是在新平台直播的收益比高，待遇更好。为了吸收更多的粉丝，提高自己的收益，莉莉决定跳槽到新的平台。为了找到适合自己的直播平台，莉莉认真筛选邀请自己的平台，发现确实不少直播间很火爆，而且与自己同类节目的主播不多，竞争压力小。最终，莉莉挑中了1个刚运营不久的平台签约。平台的工作人员告诉莉莉，为了防止她再跳槽，想要在平台直播，需要交8000元押金。1年内，如果莉莉没有违约，8000元押金将退还莉莉。交了押金后，莉莉在平台直播1周后，突然发现账号不能登录，直播间全部关闭，工作人员的号码联系不上，莉莉立即向公安机关报警。警方告诉莉莉，有此遭遇的不止她1人。在收取直播女的押金后，直播平台短暂运营后就会立即解散，再成立另外1个平台，继续诈骗平台主播。

二、诈骗套路

一是诈骗分子多为诈骗公司操控人或直播平台的"人气女主播"，熟悉网络直播平台操作程序，能准确把握受害人心理。被害人多是喜爱观看网络直播的男性观众，且以涉世未深的年轻人为主。

二是诈骗分子与被害人在网上聊天是根据事先制定好的话术剧本进行的，要么打感情牌，以到被害人所在地生活为由骗取信任让其打赏以"通过考核"，要么以提供"特色服务"为由让被害人不断充值。

三是受害人充值后，并未看到想要的服务，要求平台退款时，诈骗分子会以押金、保证金、送礼物等理由，诱骗受害人继续充值。

四是诈骗分子利用一些主播急于走红的心理，故意成立一些直播平台，以优惠的价格吸引主播，谎称自己有特殊手段，能够将被害人短时间内捧红。一旦主播交纳押金达到一定的程度，诈骗分子就会关闭直播平台，将原有的平台改头换面后，继续诈骗其他人。

三、防范对策

一是相关职能部门要及时曝光典型案件，向民众揭露此类诈骗手法，增强网民的防范意识。

二是相关网络直播平台要承担审查的义务，在平台网站设置提醒窗口，通过窗口弹出或直播页面滚动通报此类犯罪的诈骗形式，提醒网民切勿上当受骗。

三是职能部门要加大对直播平台的监管力度，督促其在落实好实名认证制度的基础上，加强直播内容的审核，对播出不法内容的主播列入黑名单。

微信好友

诈骗分子利用微信中搜索"附近的人"的功能,根据被害人的留言进行筛选,主动添加被害人,要求成为好友。然后,向被害人发送色情图片,以"一夜情"等名义勾引被害人。一旦被害人上当,诈骗分子就会以"红包""交通费""安全保证金"等名义,要求被害人向指定账号汇款。被害人汇款达到一定金额后,诈骗分子就会将被害人的联系方式拉黑。

一、典型案例

【案例1 不可靠的"附近的人"】 数名被害人向南通警方报警:通过微信"附近的人"搜索,与一名微信名为"zhangi×××"的女子聊天时,该女子以"约炮开房""交通费""安慰费"等借口,向自己索要红包,一旦接收到红包,就将自己拉黑。为了追踪犯罪嫌疑人踪影,侦查人员以微信名"zhangi×××"为检索关键词,拓展到"陌陌"、微信等交友软件,在公安网上寻找同类型案件。经网上搜索,侦查人员发现南通、南京、苏州等地有类似的警情,虽然微信号不同,但是犯罪嫌疑人使用的微信头像相同。根据受害人提供的微信交易单号,涉案银行卡的持有人浮出水面。经追踪涉案银行卡的交易信息,侦查人员查明涉案银行卡在浙江嘉兴办理,在南通和浙江有提款记录。侦查人员又将案件的串并工作延伸至浙江省,在浙江长兴、德清等地发现3起同类型案件。

警方后查明有某星、周某在南京、南通,浙江德兴等地流窜,先后使用女性身份的"微信""陌陌"等聊天软件,利用微信"附近的人"添加男性网友,以"约炮费""开房费""交通费"等名义,向被害人索取红包。

【案例2 "开房"陷阱】 张某在武汉经济技术开发区打工,无聊时通过微信查找"附近的人",添加"越越"为微信好友。从微信头像看,"越越"年轻妩媚,衣着大胆。张某立即心动,向"越越"打招呼,对方很快就回应。张某试探性地邀约对方出来玩,没想到"越越"爽快地答应,开口就谈价钱:"400元,3小时"。经讨价还价,双方在微信上约定:200元1小时。张某兴高采烈地在宾馆开房,按照"越越"的要求,将身份证号和房间号拍成图片后，用微信传给"越越"。不一会儿，"越越"发来微信，已经来到宾馆楼下，看到楼下有警车，自己不放心，害怕是警察在钓鱼。"越越"要求张某汇款300元作为保证金，以保证自己不是卧底。

为了见到"越越"，张某急不可耐地向"越越"指定的账户汇款300元的保证金。收到汇款后，"越越"又以其他理由，要求张某继续支付保证金。当张某提出质疑时，"越越"便用语音聊天功能跟他聊天，表示张某发的红包或转账，自己一个都不会领取，只是用作保证金。"越越"声音甜美温柔，富有磁性。"越越"还给张某发来位置共享，位置显示"越越"距张某不到10米。从微信上看，张某发给"越越"的红包或转账，"越越"一直没有没有领取，其间，"越越"还因手机没电，换个号码与张某聊天，在新号码中，"越越"又变成了"惠惠"。

张某与"越越"从晚上8点聊到次日凌晨1点，在"越越"的蛊惑下，张某先后发了13个红包或转账给"越越"作为保证金，一直到将微信绑定的银行卡内金额都用光，其中，在转账500元的过程中，因心情激动张某多打了1个"0"，500元变成了5000元。直至凌晨1时，张某连美女的影子都没见着，便被"越越"拉黑了。此时，张某才清醒过来，向武汉警方报警。

经审讯，犯罪嫌疑人翁某，1989年出生，丈夫魏某，所谓的"越越""惠惠""蝶恋花"，都是她和丈夫的共用网名，平时，魏某冒充美女与被害人聊天。如果被害人提出视频，翁某就发一段提前录制好的小视频迷惑对方，翁某有时也使用语音聊天系统聊天骗人。翁某毕业于某邮电大学，丈夫魏某只有初中文化程度，二人原先都有家庭，诈骗时二人相识，为了共同的"诈骗事业"，二人各自离婚后结合在一起。翁某利用所学的专业为丈夫行骗提供技术支撑。他们获取受骗人开房宾馆的地址后，在网上找到这个宾馆，直接把自己位置虚拟成在宾馆附近，造成自己就在被害人附近的假象。

【案例3 "留学生"骗子】 留学澳洲的张某在网上邂逅美女网友莎莎，莎莎自称是一名留学澳大利亚的学生，为供自己留学，贫困的家庭借了高利贷，弟弟又生了重病，万般无奈之下，被迫在高利贷公司做兼职小姐。莎莎谈吐斯文，通过社交软件发来的照片看起来眉清目秀，是张某心中"女神"形象。莎莎告诉张某，只希望单纯做朋友，邀请张某去她家吃饭。

没想到，张某还没来到莎莎家，想象中的烛光晚餐还在路上，张某就接到高利贷公司的老板电话，老板称为了保障莎莎和公司的安全，两人见面前必须向公司交纳押金。一心想着女神的张某立即购买了8000多澳元的购物消费卡，将充值密码告诉了老板。之后，老板又编造各种理由，继续向张某索要押金，直到居住在国内的父母发现张某的银行卡消费异常，张某的行动才被制止。其间，张某连莎莎真人都没见到，20 多万元就打了水漂。后江西警方破获了涉及张某被骗的一起特大电信诈骗案，端掉 14 个诈骗窝点。此案的被害人涉及江西、上海等多个地方，涉案团伙成员 110 名，多为"90 后"。犯罪嫌疑人终日躲在民宅中，假冒女留学生的身份，谎称悲惨身世，通过网络聊天寻找诱骗目标。①

【案例4 "一夜情"骗局】 王某接到一个附近美女要加好友的信息。看到飞来的艳遇，王某立即同意对方的好友申请。随后，对方发来一张图片，自称是宾馆的前台客服，联系电话是 170×××0526，可以提供卖淫服务。王某立即联系对方，对方不仅发来卖淫的价格，而且发来一些穿着暴露的美女图片。对方与王某谈好价格，600 元包夜，对方要求王某一定要保密。按照对方的要求，王某向指定的账号转账 600 元。收到汇款后，对方让王某赶紧到附近的宾馆开好房间，小姐很快就到。

刚开好房间，王某就接到一名女子的电话：哥哥，为了保证美女的安全，哥哥必须交 3000 元的保证金。交易结束后，小姐人身安全，3000 元的押金全部退还，王某又向对方账号汇款 3000 元。1 个小时后，女子再次来电：哥哥，我已经来到宾馆的楼下，还是不能直接上去，自己带了好多情趣内衣和玩耍的道具，为了防止哥哥弄坏，哥哥必须再交 5000 元的服装道具押金。交易结束后，如果道具服装没有损坏，这些钱都会退给哥哥的。

一听此话，王某就急了："你们不是骗子吧？怎么老是要钱？要不你把钱退给我算了！"女子撒娇说："哥哥，看你说的，我们怎么会是骗子呢！我都到宾馆的楼下了，也许你不知道，以前有好多客人把小妹的内衣撕坏了、道具也弄坏了，还不愿赔偿。为防止万一，哥哥只要再转 5000 元的押金就好啦！自己保证 2 分钟就到哥哥的房间里了，对了，哥哥的房间是在几楼几零几啊？"

王某称自己没有 5000 元，只有 2500 元。女子称如果王某实在没有，就先付 2500 元吧。王某再次向对方转账 2500 元。时间不断流逝，躺在宾馆床上的王某焦急地等候女子上楼。又是 20 分钟过去了，还是没有美女上门。王某再次拨打该女子的电话，女子委屈地说："哥哥，不是小妹不上去，由于哥哥还欠 2500 元，司机保镖不让自己上去，钱要是给清了，小妹就可以到哥哥的房间了，陪哥哥一夜都没问题。"接着一个男子接过电话称，如果王某不付 2500 元的押金，自己是不会让美女上去的。此时，王某才发现自己遇到了骗子，要

① 《电信诈骗黑手伸向海外 男留学生成"香饽饽"》，载 http：//l. x. huanqiu. com/lxnews/2017 – 02/10115921. l。

求对方退还 6100 元的汇款。对方称等到明天再说。第二天上午，当王某在拨打对方电话要求退钱的时候，对方称王某必须凑齐 9000 元，否则，公司不好退款。无奈之下，王某报警求助。

二、诈骗套路

一是诈骗分子通过微信搜索"附近的人"，根据微信头像及留言，主动向一些被分析为男性的人提出加好友的邀请。

二是一旦被害人接受邀请，诈骗分子就会向被害人发送一些色情图像，自称是卖淫女或学生妹，或者扮演为深闺怨妇，自称情感寂寞，期待一夜情。其用一些美女头像、自拍照和旅游照等更新朋友圈，以上门服务等手段勾引心怀不轨之人，一旦对方交了定金，诈骗分子就会失联不见人影。

三是一旦被害人主动联系，诈骗分子就会以押金、保险费等名义，不断让被害人汇款，直至被害人觉醒。

三、防范对策

一是收到微信上主动添加好友的请求，一定要提高警惕，不认识的人慎加，谨防微信背后潜伏的骗子。

二是上网交友要遵纪守法，洁身自好，万万不要去挑逗微信中的美女，以免人财两空。

朋友圈投票

诈骗分子利用家长"望子成龙"的心理和商家的虚荣心，虚构国家不认可的、无价值的网络赛事或排行，诱导被骗对象在微信朋友圈进行投票刷榜。在投票过程中，根据受害人充值金额确定其在比赛中的排名。犯罪分子借此获得巨额利润，而相当数量的被害人在充值后并不知道被骗。

一、典型案例

【案例1 少儿艺术大赛】 2020年年底，相某某与穆某某、杨某某等人商议，以所谓"中国某少儿艺术大赛"名义虚构网络赛事活动，伪造大赛红头文件、活动方案，谎称有全国知名协办机构和权威媒体共同参与打造，精心包装出了一个全国性权威赛事骗局。

为了让培训机构和家长更加信以为真，相某某等人宣称"比赛前三名可获得由某少儿艺术比赛组委会颁发的奖杯、奖章、证书并入编某少儿艺术比赛评选网人才库，还有机会在全国二十余家媒体平台进行专题宣传报道"，并安排业务员通过网络平台App寻找培训机构联系方式，发放赛事活动宣传资料，许诺"活动全程免费，颁发大赛授权牌和优秀指导老师奖状，获得免费宣传"，吸引培训机构组织学生家长参赛。

相某某等人利用家长上传的学生参赛作品制作网络投票链接供家长在朋友圈投票使用。在投票有热度后，相某某等人旋即开通"为TA加油"充值投票通道，通过后台限制正常投票，前台显示作品票数及排名，诱使家长通过充值提升排名，将一场"投票大赛"变成了家长间的"充值大赛"。最终孩子们入选了所谓的"人才库"，实际上是相某某等人自己建设的公司网站数据库，根本得不到国家或社会认可，无实际价值可言。截至2021年12月，相某某等人作案2500余场次，波及全国二十多省市，上万名家长受骗，累计骗取1400余万元。①

---

① 《江苏省检察机关"依法保障未成年人合法权益工作"典型案例》，载江苏检察网，http://www.jsjc.gov.cn/jsjcxwfbpt/sjcyfb/dxal/202206/t20220602_1395626.shtml。

【案例2　网络美食评选】　王某被"大航家广告经营部"聘请为管理人员，先后招聘技术人员、客服人员，租用"长汀县麦红文化传媒有限公司"投票平台，虚构网络美食排名评选活动骗取他人钱财。先由王某安排技术人员从"美团"、"饿了么"等外卖网收集各地的美食商家信息，然后由客服人员通过手机添加商家为微信好友，利用话术与商家进行联系和沟通，以举办虚假的周期为五天的美食评选活动、可以为商家宣传、推广提高知名度、评选进入前三名可获得丰厚奖品等为幌子，引诱商家参与美食投票排名评选活动。为刺激商家提高票数和排名，设置"打赏"链接页面让商家充值刷票，再由王某等通过平台后台更改数据，操纵商家的排名，诱使商家进一步充值买票，从而骗取被害商家的钱财，共骗取被害商家100070余元。①

二、诈骗套路

一是诈骗分子虚构影响力很大的网络赛事，通常会冠以"国"字头，在网上晒出一些所谓的评委、证书，以诱使被害人上当。

二是诈骗分子招募员工，从"美团"等网站上搜索诈骗对象的电话，使用专门的话术推荐他们参加网络评比。

三是被骗对象如果愿意参加比赛，就会被拉入"××赛事沟通群"，群里除了被骗对象外，其他人员均是骗子公司的员工。

四是业务员在群里发送大赛链接，要求被骗对象提供参赛者资料、作品等信息，并制作投票链接。

五是每场比赛开始的时间也就是投票的时间，仅为三至五天。等投票达到一定热度时，在投票页面上加上"加油"按钮，提供钻石、汽车等虚拟礼物供投票者购买。越贵的礼物投票加分越多，排名越靠前，诈骗分子借此获得巨额非法所得。

三、防范对策

一是加强对校外培训机构、学校、家长以及商家的法治宣传，对网络渠道开展的各种比赛、排行保持警惕，提高对虚假赛事、排名的识别力，拒绝有偿投票。

二是教育行政、市场监管、文化旅游等主管部门加强对网络赛事的巡查，发现违规立即处理，对虚假广告依法处罚，对涉嫌犯罪的及时移送公安机关。

---

① 《美食排名评选投票实为诈骗》，载 http://www.dffyw.com/sifashijian/ws/202207/50839.html。

　　三是网络监管部门及网络平台对加强对网络投票的监管，对异常投票及时进行封堵。

　　四是家长、商家发现被骗，应当立即报警，仍然有挽回损失的可能性。

"外国难民"求助信

落难的公子王孙得到救助，返回王宫后，施以援手者得到巨额回报，有的甚至结为夫妻。类似"剧情"也会发生在现实生活中。诈骗分子利用人们的同情心，谎称自己是国外落难的贵族或难民，有巨额的资产无法领取，只要被害人提供初期的赞助资金，被害人将会获得巨额回报。

一、典型案例

【案例1　加纳公主的遗产】　章某向公安机关报警称收到一封外文邮件，对方自称David，上海救济中心总经理。David称要帮助1名非洲加纳王国的公主，公主父母战死后遗留一大笔遗产，自己现已将公主接到中国。为防止公主被敌对势力暗杀，需要被害人在经济上援助，事后会将援助的钱还给被害人。听到自己能够帮助外国的公主，章某的内心十分激动，多次向对方提供的账号汇款，被骗13155美元。

【案例2　利比里亚难民】　严某向公安机关报警称，在某社交平台网站上收到一封外文邮件，邮件的主人自称是利比里亚难民，现在塞内加尔难民营。自己名下有一笔巨额遗产保管在英国皇家银行，由于当地法律规定难民不得继承遗产，需要找1个合伙人共享遗产。严某感觉有利可图，表示愿意协助对方获得遗产。对方以需要聘请律师办理相关业务等理由，要求严某支付各种手续费、差旅费。严某通过西联、TT向境外汇款51次，总计288102美元。

二、诈骗套路

一是受害人一般为有一定外文阅读能力且有一定经济能力的人士，平时与社会接触不多，生活相对简单。

二是诈骗分子按照事先排练好的剧本，以"落难王子""落难公主"等身份，以有巨额财产可以继承为诱惑，广泛发送电子邮件。

三是一旦有人回复邮件，诈骗分子便向受害人提供各种文件，"证明"自己的身份。然后，以办理遗产继承需要缴纳手续费、律师费、差旅费等名目要求受害人汇款。

三、防范对策

一是公安机关要及时向公众通报该类案件作案手法、特点，提醒民众遇到此类警情，不轻信、不转账、不汇款，从源头上预防此类案件的扩散。

二是公安机关和电子邮件运营商要加强对网络空间的巡查封堵力度，接到此类案件的报警时，要第一时间核查受害人提供的邮件发件地址，一方面要追根溯源，另一方面要封堵发送诈骗邮件的服务器。

三是一旦收到救助类的外文邮件，几乎可以肯定是骗局，不要轻信，可以直接删除。大家要牢记，天上不会掉馅饼，不要被所谓的"巨额遗产"冲昏头脑。

三、冒名诈骗

电信诈骗的核心是诈骗分子制造骗局，使被害人产生错误的认识，自愿地向诈骗分子指定的银行卡汇款，从而实现非法占有被害人钱财的目的。其中，冒名诈骗是诈骗分子使被害人产生错误认识的一种常用手段。在网络诈骗中，诈骗分子通过黑客手段，事先窃取被害人亲友、领导、同事的 QQ 号，手机号码，冒名向被害人发送诈骗短信，要求被害人向指定的银行卡汇款。基于对亲友、领导的信任或敬畏，被害人往往缺少必要的警惕，极易上当受骗。冒名诈骗欺骗性较强，诈骗对象广泛，普通人都可能被骗。其中，单位员工、学校师生、学生家长、个体工商户是易受骗人群。

（一）冒名诈骗的方式

诈骗分子所冒充之人必须与被害人关系密切，或者能够对被害人产生重大影响，才会让被害人自愿地向诈骗分子指定的银行卡汇款。从诈骗分子冒名诈骗的方式看，主要有以下几种：

一是冒充同事领导、老板，让被害人向指定的银行卡汇款。许多人一听到是老板、领导的来电或来信，顿时就丧失警惕，此类诈骗一旦得逞，被害人损失巨大。

二是冒充子女诈骗父母。父母对子女的爱是无私的，一听到子女求助，父母会无条件地满足。

三是由于民众特别是中老年人对权威的话往往是无条件相信，诈骗分子往往冒充专家、老中医诈骗患有慢性疾病的老人。

四是大学生往往因论文、就业等原因有求于老师，诈骗分子会冒充老师，以论文答辩不通过、就业分配存在困难，必须疏通关系才能顺利毕业或就业为由，要求学生向指定的银行卡汇款。

五是由于生意不好做，诈骗分子会冒充重要客户诈骗中小店主，其中，冒充部队采购是诈骗分子常用的方法。

（二）冒名诈骗的环节

一是诈骗分子通过网上购买或黑客手段获得被害人的准确信息，然后，冒充被害人的亲友、子女、领导、同事，要求被害人向指定的银行卡账号汇款。

二是诈骗分子建立微信群、QQ 群，冒充被害人周边的同事、领导，然后将被害人拉进群中聊天，等到被害人误信群中的骗子就是自己的同事或领导时，诈骗分子就伺机诈骗。

三是为了骗取被害人的信任，诈骗分子常常以货到付款，或者先向被害人发送虚假的转账截图为诱饵，要求被害人帮助代付。

四是诈骗分子从被害人以前的客户手中获得被害人的号码，然后以朋友介绍的名义联系被害人。由于是朋友介绍来的生意，被害人容易丧失警惕性。

五是一旦被害人向指定的银行卡汇款，诈骗分子就会通过他人迅速提款、多次转账、向第三方平台购买网络产品或赌场洗钱，以混淆资金来源掩饰犯罪行为。

（三）冒名诈骗的防范

一是冒名诈骗的前提在于诈骗分子事先获得被害人的信息，能够准确地说出被害人的具体情况，由不得被害人不信。因此，谨慎保管个人信息，是防止被冒名诈骗的关键。

二是民众汇款前一定要与亲友、领导、合作伙伴确认，"小心驶得万年船"，不能因为面子而盲目相信对方，也不能因为领导平时比较有威严就不敢联系确认。对老板、领导要保持平常心，老板、领导也不喜欢给自己公司或单位造成重大损失的员工，即便是老板、领导要求汇款，也一定要当面或电话确认，以防上当受骗。

三是父母向海外读书的子女汇款前，一定要通过电话确认，不能仅仅根据QQ 留言或微信中的留言就匆忙汇款。

冒充同事和亲友

诈骗分子事先通过非法渠道获得被害人及其同事的信息，利用人们不好拂面子的心理，冒用同事的名义请求被害人代付小额款项。为了取信被害人，诈骗分子往往先向被害人发送转账截图，消除对方的心理担忧。一旦被害人向指定的账户汇款，诈骗分子就会将被害人的联系方式拉黑。

一、典型案例

【案例1 奇怪的"同事"】 刘某军收到一条同事发来的信息："有空吗？帮我买2张100元的移动充值卡，急用，收到回信。"短信末尾署了同事的姓名。刘某军立即拨打该同事的电话，却传来"您拨打的号码已停机"的语音提示。随后，刘某军又收到对方发来的短信，称其手机已停机。刘某军表示可以帮其用电话银行缴手机费，但是，对方坚持要充值卡，并让刘某军将卡号和密码发给她。

刘某军问对方现在何处，对方称在单位上班。刘某军要求对方用单位电话打过来说。对方称别人正在用电话，要求刘某军帮助她电话充值，她再将充值款转账给刘某军。至此，对方终于露出了破绽，刘某军单位的电话是每人一部，不可能占线。刘某军赶紧和其他同事联系，确定这位寻求帮助的同事并不在单位。刘某军继续与其周旋，说了一些工作上的事，对方都巧妙地回避了，反而一再催促刘某军赶紧帮她购买充值卡。一小时后，刘某军再次提出要用电话银行给她充值，对方却下线了。随后，刘某军了解到其他同事也收到类似的信息。被冒名同事的手机一直随身携带，对方如何盗用她的信息行骗不得而知。

【案例2 为"同事"网购代付】 张某向公安机关报警：当天15时24分至44分，在该县某小学办公室收到同事林某的QQ发来信息，林某称其在网上购物，请被害人帮助代付，让被害人将支付宝账号发给她。由于平时两人关系不错，张某将自己的支付宝账号发给林某，林某使用的支付宝账号发来7笔账单，张某全部帮其支付。不久，林某电话告知张某自己的QQ被盗，张某损失28045.4元。电信诈骗离不开电信流与资金流，但被害人提供的犯罪嫌人使用的两个支付宝账户账号不完整，无法直接锁定犯罪嫌疑人。经联系支付宝公司，民警查明两个账号均没有实名登记。

被抓获后，犯罪嫌疑人交代：实施诈骗过程中，每组老板使用自己的QQ将"大老板"购买的被盗QQ号码分发至每名下属工作人员，下属工作人员自行登录相关QQ，冒充被害人亲戚或者好友，以在网上购买商品需要代付，套取被害人的支付宝账号，再将套取的被害人支付宝账号通过工作QQ群发给每组老板。老板收到被害人的支付宝账号后，登录作案用的盛大账号购买盛大点券，使用作案支付宝账号向被害人发起代付请求。被害人代付后，"大老板"将盛大点券变卖套现，然后，通过支付宝、微信、银行转账等方式将赃款分发至每组老板，每组老板将赃款通过微信、支付宝、现金等方式发至作案的下属工作人员。经调查，以"大老板"为首的团伙诈骗金额高达771046元。

【案例3 假冒的QQ好友】 郑女士在QQ上接到好友李某发来的信息，称其手机欠费停机，请求郑女士帮助充值。李某通过QQ多次发来代付链接，郑女士代付后，李某又以支付游戏点卡为由，请郑女士充值，声称明天见面后还钱给郑女士。郑女士知道李某喜欢玩网游，郑女士又帮助李某支付4200元。第2天，郑女士与李某见面时，李某并未提起还钱的事，碍于情面，郑女士也没讨要。第3天，郑女士向李某提及此事，李某却称没有向郑女士发过代付链接。郑女士立即登录QQ查看，系统提醒李某的QQ曾在异地登录，郑女士立即向哈尔滨市公安机关报警。

经网上研判，民警发现绍兴市曾发生20余起类似案件。民警立即前往绍兴开展侦查工作，第一时间联系阿里巴巴公司，对犯罪嫌疑人支付宝账号的资金流、信息流、人员流分类侦办、集中研判落地，查清犯罪嫌疑人真实身份，并对其关联信息分析研判，查清资金链、关系网。民警在哈尔滨市、尚志市、大庆市、肇东市等地开展抓捕行动，抓获11名诈骗犯罪嫌疑人，查处5个电诈窝点，缴获作案电脑30余台，截留公民个人信息500余万条。

经审讯，犯罪嫌疑人供述：主犯杨某、程某实施诈骗的QQ信息是向山东人魏某购买的，杨某花费40万元从魏某处购得20多万组QQ号码和密码。犯罪团伙人员登录购买来的QQ后，向QQ好友发送代付链接。犯罪嫌疑人一般会先向好友请求代付话费，一旦有人上当，就提出代付游戏点卡，诈骗金额逐步加大。经调查，被害人遍布全国各地，被骗金额最多的有5万元，最少的有200多元。

经侦查，办案人员找到贩卖公民信息的魏某以及专门盗取他人信息的黄某。在湖南郴州，办案人员抓获以黄某为首的利用黑客技术非法获取网站后台存储的他人QQ号和密码等登录数据的3名成员。经审讯查明，黑客利用一些网站的漏洞，通过技术手段盗取网站存储的用户信息，通过批量比对的方式，将账号和密码进行匹配。那些被黑客侵入的被害人QQ，一般都是用邮箱进行注册的，被害人就可能用与支付宝账号相同的邮箱注册，或者是用QQ邮箱注册。"黑客"团伙将盗取的用户信息以每个QQ号1元的价格卖给魏某，魏某再以1.2元的价格卖给诈骗团伙。诈骗团伙利用QQ号实施代付诈骗，然后从网上购买虚拟物品、游戏充值卡、电话卡，再转卖获利。

【案例4 分身有术的"同事"】 安吉某推拿店的技师王芳接到一个陌生来电，对方自称张强，经别人介绍，想跟王芳认识。对方原先是村长，现在是一名警察。由于工作忙，王芳与对方聊了几句，就挂断了电话。第二天上班，王芳将此事跟同事说起，店里的新同事叶伟插了一句："张强啊？他是我的好朋友。"

王芳立即向叶伟打听张强的情况，叶伟告诉王芳，张强现在公安局刑侦大队上班，张强的父亲以前也是警察，家庭条件很好，就是离过婚，带个女儿，女儿现在归前妻抚养。根据叶伟的介绍，王芳觉得张强的条件不错，说话也挺稳重的，决定和张强交往。二人一直通过短信和电话交流，半个月后，王芳要求见面，张强说正在非洲办案，关机4天。4天后，张强主动联系王芳，称自己在非洲需要用钱，要求王芳给他汇500元。之后，张强又以"出国受伤、办理医疗证明"等理由，先后向王芳借款10000余元。

后王芳与朋友提起此事，朋友提醒她是否遇到骗子，王芳这才意识到，整个交往过程太蹊跷，立即报警。经调查，民警发现故事的结局就像电影中的剧情一样，王芳的同事叶伟和警察张强竟是同一个人。叶伟为了骗钱，用自己的另一个手机号码冒充张强与王芳联系，两人聊了一段时间后，叶伟以同事的身份向王芳借钱，遭到王芳拒绝，叶伟便使用张强的身份向王芳借钱，轻而易举地获得王芳的信任。

二、诈骗套路

一是冒充同事或朋友诈骗的前提条件是知道被害人的相关信息，从以上案例中诈骗分子获得被害人信息的渠道看，主要是从网上购买。

二是不法分子利用某些网站数据库的漏洞进行"撞库"，非法盗取网站用户信息，通过批量比对的方式，将账号和密码进行匹配。被盗取的被害人信息一般都是用邮箱注册的，诈骗分子猜测被害人的支付宝账号可能使用相同的邮箱注册，进而将二者碰撞，然后将碰撞成功的信息出售给诈骗团伙。

三是不法分子盗取QQ账号密码后，将QQ号进行梳理，剔除长期不用的账号。通过个性签名、聊天内容等，将盗取的QQ号分为企业财会人员、学生、白领、游戏玩家等，然后打包卖出。诈骗分子盗取他人的 QQ 号后，一般通过 QQ 群交流的方式出售，一级卖号者只转卖 QQ 号，不直接从事电信诈骗犯罪。

四是二级购号者一般为诈骗团伙的组织者，在 QQ 交流群中学习诈骗方法、购买 QQ 号、选择诈骗窝点、传授诈骗方法、组织他人诈骗、提供后勤保障。一般情况下，组织者能够获得赃款的 50%—80%。

五是在获取被害人的信息后，诈骗分子会冒充身份以手机欠费、网上购物、游戏卡充值等理由，要求被害人代付。

三、防范对策

一是我们在帮助同事或亲友汇款或代付前，必须抛开"好面子"的心理，一定要与对方电话联系，以确认是否为自己的同事或亲友。

二是在日常生活中，我们应当有保护信息的意识，对陌生人保持足够的警惕，不轻易地向对方泄露信息。

三是各大网站应当从技术角度防范公民信息泄露，形成一套防范泄露公民信息的完善制度，明确相关人员的责任。员工离岗时，必须签订保密协议，要求其履行离职后的保密义务。

四是相关部门依法惩治相关犯罪，加大打击侵犯公民个人信息、帮助信息网络类犯罪。

冒充领导和师长

一、典型案例

【案例1 被骗的学生干部】 "是何××吗？下午到我办公室来一趟!"南京某高校大三学生小何接到一个电话。小何不知道这个号码是谁的，电话那头的口音很像团支部书记钱老师。小何问对方是不是钱老师，对方承认是，并说该号码是其私人电话。下午，小何又接到钱老师电话。钱老师告诉小何，自己正陪领导，不方便与小何见面，并称自己准备给领导送点礼物，但走不开，又不好当面送现金，想请小何帮忙转账10000元到领导账户，让小何下午3点到办公室拿钱并叮嘱他保密，传出去对自己影响不好。听到这番话，小何备感荣幸，认为这是领导对自己的器重。小何立即用支付宝向钱老师提供的银行账户汇款10000元。不久，钱老师又让小何汇款20000元到同一账户。小何向同学借了钱，凑够20000元，再次汇到该账户。下午3点，小何如约来到钱老师办公室，真正的钱老师对此事一无所知。小何立即拨打骗子的电话，对方已处于关机状态。

【案例2 "领导"要送礼】 逊克农场的张某接到1590456×××来电，张某以为是逊克农场的领导牛某，对方让张某第二天上午到他的办公室。次日8时，对方再次电话联系张某，告知张某不用来办公室了，并称上级领导正对他提拔考核，急需2万元打点关系，并将一银行卡号发给张某。张某到农村信用社向对方指定的账号汇款2万元，对方电话告知张某钱已收到，但还需要4万元。随即，张某又向对方指定的账号汇款4万元。下午，对方打电话称领导不满意，要求张某继续帮忙。张某6次汇出60万元后，张某联系牛某方知被骗。

二、诈骗套路

一是多数受害人在恰好需要求人办事时接到诈骗电话，对方还没有表明身份，被害人已经主观认为对方就是自己需要求助的人，主动称呼对方为某领导、某同学、某亲戚，给了诈骗分子可乘之机。

二是诈骗分子事先通过非法途径获取受害人的基本信息，然后冒充单位领导或师长联系受害人，让受害人到其办公室。诈骗分子利用人们对上级领导的敬畏心理，要求被害人次日到自己的办公室，但并不说具体事情，故意制造神秘感，使被害人精神紧张、胡乱猜疑。另外，诈骗分子什么不说也是为了避免自己言多必失而露出马脚。见面前，诈骗分子会再次联系受害人，以有急事、要送礼、借钱等理由诱使受害人转账汇款。在这期间，诈骗分子往往会再打个电话联系被害人，试探被害人有无识破骗局。如果被害人仍然认为诈骗分子是自己的领导，诈骗分子就会将该被害人列入重点客户。诈骗分子会在电话中要求被害人明天不要忘记来自己的办公室，如果被害人询问需要准备什么材料，诈骗分子故意什么也不说。

三是诈骗分子冒充领导，一开始并不会对被害人提出要求，一般到最后环节，诈骗分子才会要求被害人汇款。

四是诈骗分子利用学生论文、就业有求于老师的心理，冒充老师联系学生，谎称学生的论文质量有问题，或者有好的就业机会，前提是学生要"懂规矩"，暗示学生要花钱打点关系。

三、防范对策

一是不要在朋友圈或者其他社交软件上公布自己及家庭信息、单位信息等，以免信息被不法分子恶意利用。加强工作群管理，不能让陌生人潜入。

二是一旦接到索要钱财的电话，要认真分析，送礼本身是腐败行为，尤其是领导、师长或其亲属向自己提出要求时，不可轻信，更不要转账付款。

三是如果不慎被骗，应立即报警，设法锁住诈骗分子的账户。如果是通过银行账号转账的，还应立即联系银行客服。如果是采用支付宝、财付通等第三方支付平台转账的，立即联系客服，请求冻结对方账户资金。

冒充老师

诈骗分子还可能冒用孩子老师的名义，谎称学生在校期间生病，需要动手术，要求被害人向指定的账号汇款。

一、典型案例

【案例1 孩子突然"晕倒了"】 刘女士接到一个陌生来电，对方自称学校教务处老师，并称刘女士的孩子上体育课的时候突然晕倒，已经送到医院抢救。正当刘女士准备赶往医院时，又接到教务处老师的电话，老师称孩子检测出急性肠胃炎，引起胃穿孔，需要马上手术。由于医院规定做手术要交纳押金，老师让刘女士立即汇款，否则会错过最佳的抢救时机。其间，一名医生还向刘女士询问孩子是否有药物过敏史。老师和医生逼真地描述，加上听到自己孩子出现危险后格外紧张，刘女士准备向医院指定的账号汇款，被家人拦住了。刘女士的丈夫给孩子班主任打了个电话，发现孩子正在学校上课，身体没有任何不适。

【案例2 教育培训机构退费骗局】 林女士接到一个00开头的境外电话，对方称其是培训机构的"客服"。"客服"准确地说出林女士小孩在某培训机构上课、该机构倒闭、退费还没退到等几个关键信息。"客服"声称，由于教育机构平台已被多方机构及政府监管，目前已无法在原有平台为用户进行退费操作，为优先保障学员学费权益，教育机构已将全部优质资产及债权，转让给第三方交易所进行退费。客服把林女士拉进一个群里，有其他群友发信息不断烘托气氛，让林女士相信这个群可以退还之前的费用。根据交易所与培训机构的合作协议，需要退费的学员必须在交易所注入一笔退费包基数，开通交易所退费账户，才能进行学费退款。林女士要退费8000元，需要先注入26000元，注入后两笔钱一起退还。但林女士注入26000元后，发现根本无法提现。

二、诈骗套路

一是诈骗分子通过购买或黑客手段非法获取公民信息，筛选符合条件的学生信息。

二是用诈骗分子境外电话或网络拨号软件拨打学生家长电话，冒充学校老师或校外培训机构老师或客服，准确说出学生名称、培训机构名称等关键信息骗取信任。

三是诈骗分子以学生需要紧急就医为由，骗取家长向诈骗账户紧急汇款。

四是校外培训机构"客服"以话术诱导学生家长，让其向指定账户注入所谓"退费包基数"骗取钱财。

三、防范对策

一是犯罪嫌疑人主要是通过黑客手段窃取被害人的信息，为了防止黑客窃取 QQ、微信、手机中存储的信息，我们在设置密码时，应设置英文、数字、特殊符号交叉混用的安全性密码，并对不同账号设置不同密码。

二是网聊时，不要随意接收来路不明的文件、打包的照片，谨慎点击不明链接，防止中木马病毒而导致 QQ 号被盗。

三是接到陌生人打来声称孩子在学校发生事故的电话，一定要与班主任或任课老师联系，以确认孩子在学校是否遇到安全事故，以免慌忙中被骗。

四是接到自称校外培训机构工作人员主动退费的电话时，大家一定要保持警惕。不明事项可向教育、公安等行政部门核实。不轻信来历不明的文件、电话和短信，不给不法分子以可乘之机。

五是大家要意识到，正规退费流程一般会以原路返还的形式返还给本人缴费账号，凡是退款时要求额外支付费用的，都是诈骗。

冒充子女

诈骗分子利用父母的爱心，冒用儿女名义，要求交学费，或者称遇到交通事故，要求父母汇款赔偿，否则自己将有牢狱之灾。由于爱心蒙蔽了双眼，父母很少怀疑所谓儿女是犯罪嫌疑人假冒的。

一、典型案例

【案例1　叫"妈"的人不是儿子】　简阳市石板凳镇的黄婆婆正准备睡觉，家中的固定电话突然响起，一声"妈"从电话那头传来。黄婆婆以为是自己在深圳打工的儿子李某根，便下意识地问了一句："是李某根吗？""是的，妈！我是阿根。"电话中，儿子声称捡到8万元，已汇到黄婆婆的银行账户。第二天，儿子又给黄婆婆电话，称昨天汇钱时，被同事看见，同事威胁要分一半捡到的钱，否则向公安机关举报。黄婆婆按照儿子给的账户，汇去4万元。几天后，黄婆婆的账户上也没有多出8万元。此时，黄婆婆意识到被骗，向公安机关报警。接到报案后，简阳市公安局立即成立专案组开展侦查工作。经过4个月的侦查，专案组锁定犯罪嫌疑人钟某，将其抓捕归案。

【案例2　"我的声音听不出来？"】　赵某宇向南部县公安局报案：一名陌生男子在电话中冒充其儿子赵某天，以醉酒驾车将人撞伤为由，骗取其14万元。据被害人反映，犯罪嫌疑人曾4次与他通话。第一次，犯罪嫌疑人告知赵某宇从外地出发准备回家，电话号码已经更换，要求赵某宇将他的新号存好。当赵某宇问其是谁，对方反问道：我的声音都听不出来吗？声音似曾相识，赵某宇以为是儿子赵某天。第二天，赵某宇收到赵某天的来电，赵某天自称由于酒驾撞人，急需支付医药费，请求赵某宇汇款2万元。赵某宇爱子心切，立即汇出5万元。不久，赵某天向赵某宇哭诉：为尽快私了此事，希望赵某宇再寄点钱打通关系。赵某天恳请赵某宇顾忌以后还要在社会上立足的名声，要求他不要张扬此事。赵某宇再次给冒充的赵某天汇款9万元。12月2日，对方突然改发短信，请求赵某宇汇款。赵某宇打电话过去，遭遇多次占线。最终打通了，赵某宇察觉对方的声音与儿子的声音相差悬殊，立即拨打儿子原来的手机号码，儿子告诉他并无此事。

【案例3 留学生不要随便关机】 赵女士突然接到在德国留学女儿的电话。女儿只哭诉了一句"妈妈，我出事了"，随即便挂断电话。赵女士立即回拨，发现女儿手机已无法接通。随后，赵女士多次拨打儿女的电话均无法接通。心急如焚的赵女士立即拨打中国驻杜塞尔多夫总领事馆电话，请求协助寻找女儿下落。当晚，总领事馆通过多方渠道找到赵女士的女儿。使馆工作人员发现赵女士的女儿为了专心写论文，将手机关机，对上述求救电话一无所知。在领事馆工作人员寻找赵女士的女儿期间，赵女士又接到女儿的电话，要求立即向其汇款2万欧元。由于总领事馆及时找到了赵女士的女儿，赵女士没有上当受骗。

二、诈骗套路

一是诈骗分子利用非法获取的公民信息，寻找农村老年人或留学生父母作为诈骗对象。

二是诈骗分子采用"猜猜我是谁"的套路，让受害人主动上当，误以为诈骗分子是其子女。

三是诈骗分子利用事先准备的话术，编造各种理由，要求被害人向其账户汇款。

三、防范对策

一是父母应当将子女的电话存在手机通讯录中，如接到未显示姓名却自称是子女的电话要小心，极有可能是遭遇诈骗。

二是父母在接到电话时，如果不能分辨是否是自己的子女，不能主动说"你是不是我的儿子"之类的话，应当回拨通讯录中保存的子女号码，而不是回拨新来电，以防止上当。

三是父母向子女汇款的，应当在汇款前和子女进行电话或视频确认。

四是留学子女应保持与国内父母的电话畅通，不可轻易关机，防止联系不上。

五是各地宣传部门和居委会、村委会应当在老年人中进行反诈宣传，提升老年人对此类诈骗的防范意识。

冒用身份证

为了实施诈骗犯罪，诈骗分子从网上购买他人身份证，或者伪造他人身份证冒用他人身份办理银行贷款、申请信用卡，形成恶意债务。一旦民众不能证明自己的身份证被冒用，将会遭受巨大损失。

一、典型案例

【案例1 看好自己的身份证】 一名男子来到银行办理业务，细心的工作人员发现男子使用的身份证与其本人长相差距较大。工作人员一边稳住男子，一边拨打110报警电话，民警立即赶到银行将男子带回派出所调查。经询问，该男子承认自己受他人雇用，使用他人身份证办理银行卡，与他一起办银行卡的还有9名同伙。该男子交代：他被人从石家庄带到济南，雇用他办理银行卡的人是通过网上聊天认识的，自称小黑和老王。小黑、老王向他和其他人提供了20余张身份证，每办理一张银行卡并开通相关功能后，可获得100—200元的报酬。在查明犯罪嫌疑人的住处后，民警立即将10名犯罪嫌疑人全部抓捕归案。

【案例2 谨防身份信息被冒用】 昆明的陆女士到银行办理贷款。在审核资料时，银行工作人员发现陆女士名下有6家公司，均在深圳，银行将陆女士列为风险用户。陆女士从来没有去过深圳，怎么会在深圳有6家公司呢？陆女士立即到工商部门网站上查询，发现自己身份证被他人在深圳多个工商部门注册了6家公司，有建材公司、有商贸公司、广告公司。从工商注册的信息来看，陆女士是2家公司的法定代表人，4家公司的大股东；6家公司的注册地址分别在深圳市龙华新区、福田区、南山区；从注册资金看，6家公司的注册资金多达900万元。

经查询，陆女士发现自己的身份信息被他人冒用在某支行开了一个储蓄卡，开办了U-key。事发后，陆女士拨打深圳市市场和质量监督管理委员会12315电话投诉。龙岗区稽查大队的工作人员表示，陆女士名下一家地址在龙岗区的商贸公司，确实是在网上注册的，注册时使用了"数字签名"功能的U-key通过验证。

二、诈骗套路

一是诈骗分子通常是团伙作案，内部分工明确，犯罪嫌疑人的年龄大多在20—50岁，能够熟练操作网络。诈骗分子从各种渠道获得他人的身份证，为实施犯罪制造条件。

二是诈骗分子利用金融机构审核上的漏洞，或者与金融机构的人员勾结，冒用他人的身份证办理银行贷款、信用卡等业务。

三是诈骗分子伪造或冒用他人遗失的身份证办理各种银行卡及贷款业务，然后恶意使用银行资金。

四是诈骗分子利用非法获取的身份证办得的银行卡，帮助电信网络诈骗、网络赌博犯罪进行支付结算。

三、防范对策

一是媒体要加大对使用他人身份证件从事违法犯罪活动的宣传力度，切实提升群众保护个人信息的意识，提醒大家不要随意地将身份证借给他人使用，向他人提供身份证复印件时，应当在复印件上注明用途。

二是金融机构要规范银行卡业务办理审批流程，认真审核申请人提供的证件资料，确保申请人开户资料真实性，发现冒用他人身份证办理银行卡的要及时报警。定期组织员工学习，提高从业人员识别真假身份证的技能。工作人员要加强责任心，对身份证与本人要认真比对。

三是政府机关及其工作人员办理行政事务时，办理人员应当承担审核责任，一定要坚持人证相符，对工作不负责的员工，应当追究法律责任。

冒充公司负责人

诈骗分子为了非法占有公司财物，在网上搜索目标公司信息，然后建立虚假的公司微信群、QQ群，将公司财务人员拉进群中，然后以公司负责人的名义要求财务人员向指定的账号汇款。

一、典型案例

【案例1 "董事长"发QQ消息要安排转账】 浙江某科技股份有限公司财务汪某向公安机关报警：9月1日，收到公司董事长的QQ消息，董事长称前段时间和王总合作的项目款需要打回去，共580万元，董事长从网上发来一个农行账户。汪某立即从网上将公司账户上的580万元资金分3笔划入董事长提供的银行账户。9月7日，汪晨询问公司董事长，才知道自己被骗。

当事人报案时间是9月7日，案发时间是在9月1日，挽回损失已经非常困难。根据报案人提供的犯罪嫌疑人银行账号，侦查人员发现犯罪嫌疑人的账号流水非常复杂。580万元被分成120万元、380万元、80万元转入某指定账户，然后，被分别转入一个农行账户及两个支付平台，再被分拆转入银联商户、民生、招商、建设、农商等三、四级银行账户。最后，赃款汇入一个超级账户，超级账户中有几亿元资金，每天账上流水高达上千万元。

【案例2 群里其他人都是骗子】 无锡江阴某公司的顾总、李总主动加公司会计钱某的微信。看到微信群中都是公司员工，钱某以为是公司的工作群。李总在群里让钱某联系深圳某公司的郑总，了解谈好的合同保证金什么时候汇过来。钱某立即电话联系郑总，郑总称正在开会，晚点将保证金打过来，合同直接发给李总。不久，李总在微信群中称合同保证金56万元已汇到个人账户上，晚点会把钱打到公司账户上，李总将银行转账记录的截图上传到微信群中。此时，群里有员工提出，如此签订合同公司没有利润。听取员工的意见后，李总决定要求郑总按照原先的合同履行，并让钱某联系郑总。钱某电话协调后，郑总同意修改合同。群中又有员工建议，为不影响双方履行合同，退还56万元的保证金。李总同意了，让钱某先用公司的钱款退还，稍后会将自己账上的钱补回到公司账户。随后，又要求钱某向郑总转账80万元。钱某再次电话联系郑总，对方表示隔天会把 80 万元退还。钱某将转账记录截图发到群里，此时，微信群里再无动静。

2016 年 6 月 30 日，钱某到李总的办公室，询问李总 56 万元何时转到公司的账户。李总一脸茫然，声称根本不认识深圳的郑总。原来微信群是犯罪嫌疑人故意建立的，群中除了钱某外，其余的人员都是骗子假扮的。钱某意识到上当受骗后，立即向公安机关报警。经侦查，公安机关抓获了从 ATM 上取款的张某、吴某。张某是通过兼职群应聘取钱的人，对方声称是组织赌博的，帮忙取钱给予一定的佣金。后来，吴某请求入伙。6 月中旬，上线快递给吴某、张某银行卡。吴某、张某辗转于上海、南京等地取现，吴某、张某也没有见过上家。

【案例 3　克隆的 QQ 头像】　兰溪市某生物科技公司财务倪女士发现自己的 QQ 无法登录。为了能够登录 QQ，倪女士通过手机验证，重新修改了密码。当倪女士重新登录 QQ 后，一个求加好友的信息弹了出来，对方自称公司老板陈某。倪女士发现原本在好友分组内陈老板的 QQ 不见了，巧合的是对方头像和个人信息与公司老板陈某的 QQ 头像及信息相同。倪女士深信对方 QQ 就是陈老板的 QQ 号码，添加了对方为好友。

陈某在 QQ 上问倪女士，公司账上还有多少可用资金，称有一笔 58 万元的款项需要立刻汇到杭州一客户的账号上。由于平时处理过类似的情况，倪女士将 58 万元通过网银汇入对方的账号。随后陈某要求再汇 62 万元。由于网银每日交易上限为 100 万元，倪女士在汇出 42 万元后，特意找陈老板汇报还有 20 万元当天无法汇出。陈老板听到倪女士的汇报十分吃惊，自己并未让倪女士汇款。倪女士意识到被骗，立即向公安机关报警。[1]

二、诈骗套路

一是诈骗分子通过黑客手段窃取公司人员的 QQ 或微信密码，然后建立虚假的公司工作群，邀请公司人员尤其是财务人员加入。一旦财务人员加入工作群，诈骗分子的同伙故意在群中向虚假的公司负责人汇报工作，以误导财务人员。

二是诈骗分子还会通过冒充公司领导添加好友的方式，添加受害人为好友，接着拉被害人进入所谓的"公司××业务群"，群内貌似都为本公司人员，实质均为骗子假扮。骗子伪装的"领导"要求财务人员汇款，并声称业

---

① 《骗子群发木马专黑财务　QQ 冒充老板诈骗百万元》，载 http://it.enorth.com.cn/system/2014/10/23/012219978.shtml。

务紧急,如果财务人员匆忙汇款就会上当。

三、防范对策

一是财务工作人员要提高风险防范意识,密码设置不要过于简单,对密码设置保护,电脑及手机要安装杀毒软件定期查杀。不要随便点击不明链接,防止链接中隐藏木马病毒。尽量将财务电脑和其他电脑分开使用,减少病毒传染的可能性。不要轻易向陌生人泄露个人信息。

二是各单位要加强微信群、QQ群管理,严格采取审核制,未经审批不得进入,防止骗子混入。

三是公司、企业要加强内部管理,完善财务管理制度,规范资金进出流程,接受领导指示处理汇款事宜时一定要慎重,务必通过电话或当面再次确认。

假冒部队采购

诈骗分子假冒部队采购部门的人员，故意与中小商户订立合同，向他们购买特定的商品，并提供特定产品的供货商的联系方式。这些供货商为诈骗分子所假扮，假扮的供货商会要求被害人事先提供定金。一旦被害人的定金到账，诈骗分子就会逃之夭夭。

一、典型案例

【案例 1 "部队"要求订货】 王某泉向济南市公安机关报警：某年某月某日接到自称某部队采购战士陈某华的电话，要求受害人把产品报价单发到该部队采购专用的邮箱。11 月 16 日，自称是该部队采购处长高某电话联系王某泉，订购 200 箱美滋味牌自加热米饭，货到后立即付款。由于王某泉没有部队指定购买的商品，高某向王某泉提供了经销商黄某的电话号码。为了赚取差价，王某泉立即联系黄某，黄某向王某泉提供了武汉某食品厂销售顾问曾某的电话号码。曾某要求王某泉预付 30% 的定金，即 17200 元。17 日，高某再次联系王某泉，表示追加订货 400 箱。王某泉先后 4 次向犯罪嫌疑人提供的农业银行账户汇款 57520 元。11 月 17 日 14 点，王某泉通过 ATM 汇款 11420 元后，对方关闭电话。

经追踪资金流，侦查人员查明犯罪嫌疑人的取款地点在南宁市，犯罪嫌疑人使用的手机号码通话数据和开户信息均为王某文，开户地点在济南市。经查询比对，侦查人员发现银行卡开户信息资料与手机开户信息中的办理人与实际办理人的相貌不符。经侦查，侦查人员明确了在济南办理作案用的手机卡和银行卡的实际使用人为张某刚，湖北仙桃人。经查询张某刚的轨迹信息，侦查人员发现张某刚来济南时有一个同行人邓某，湖北天门人。经分析邓某的轨迹信息，侦查人员发现邓某的轨迹与张某刚取款地点、通话位置的时间符合。经查询邓某的历史轨迹，侦查人员发现：邓某在湖北南漳县车站招待所有住宿记录，与其同时入住的还有柳某艳。经对柳某艳的轨迹分析，侦查人员发现案发期间柳某艳与邓某有多次同行记录。据此，侦查人员推断柳某艳可能是犯罪嫌疑人之一。经查询柳某艳的关系人，侦查人员发现其同行关系人有一个叫尹某顺的，尹某顺外貌特征与在南宁 ATM 取款监控中的犯罪嫌疑人体貌特征相同。

经对 3 名犯罪嫌疑人的身份信息及驾驶员信息数据查询，侦查人员发现邓某使用的手机号，归属地武汉；尹某顺使用的号码归属地武汉。经分析邓某、尹某顺的手机通讯情况，侦查人员明确了柳某艳的手机号。在当地警方配合下，侦查人员在武汉将 3 名犯罪嫌疑抓获，在其住处发现大量的手机、手机卡、身份证、电脑、银行卡、诈骗剧本等物品。①

【案例 2　一人演两角色】　耿某向西平县公安局报警：耿某在建筑工地工作，一位自称消防大队的刘科长电话联系耿某，刘科长称消防大队有 3000 立方米的混凝土活急需完成。经交谈，二人约定第二天签订合同。几分钟后，刘科长电话联系耿某，称其在去市里开会的路上，消防大队还急需一批高低床，明天必须送到，让耿某帮忙订购，开会回来就将钱转账给耿某，并给了耿某一个供货商黄某的联系电话。为了揽住混凝土的工程，耿某立即答应刘科长的要求。耿某与黄某联系后，黄某承诺第二天下午送到，但要交 35% 的定金，耿某向对方银行账户汇去 20500 元的定金。汇款后，耿某和刘科长联系。刘科长称他与上蔡县、遂平县消防大队的人在一起开会，还想让耿某帮忙给上蔡县、遂平县的消防大队订购高低床。此时，耿某开始怀疑，拒绝了。之后，耿某拨打刘科长电话，对方电话处于关机状态。

接到报案后，西平县公安局立即展开侦破工作。经侦查，办案人员发现涉案的银行卡曾在上蔡县崇礼乡超市的 POS 机上有大笔刷卡记录。5 月 3 日下午，民警迅速赶往上蔡县崇礼乡，将在该村超市内的杜某抓获。经审讯，杜某交代，4 月中旬，一名 40 多岁的妇女骑着电动车来到超市，询问杜某能否帮忙刷卡，她出 25% 的手续费。听到如此高的手续费，杜某意识到这钱来路不正，但抵挡不住金钱的诱惑，杜某答应了那名妇女的请求。杜某用该妇女的银行卡在超市内的 POS 机上刷取 1 万元，扣除手续费后，给了该妇女 7500 元。其后，那名妇女 2 次找到杜某，刷卡 3 万余元。

由于杜某提供不出该妇女的详细信息，办案人员转变思路，从刘科长及黄某的电话入手。侦查人员获得犯罪嫌疑人在浙江桐乡市活动的线索后，立即赶往桐乡市。在当地警方的配合下，办案人员在桐乡市梧桐街一出租屋内将犯罪嫌疑人张某抓获。经讯问，张某交代了犯罪事实：为了实施诈骗行为，张某购买了两部手机，一人分饰两个角色，一边冒充军人，一边冒充供货厂家。张某还联系了老家的崔某帮助套现。

---

① 《部队采购不露面 电话里这样说的都是骗子！》，载 http://www.ijntv.cn/fazhi/2017 - 02 - 15/133416.html。

【案例3 熟人介绍也要当心】 陈某接到自称兄弟部队的李某的电话，李某称看到陈某部队的宣传展板非常不错，想采购一批展板，希望陈某提供卖家的联系方式，陈某向李某提供了卖家刘某的号码。随后，李某联系刘某，自称是陈某兄弟单位的朋友，陈某介绍自己联系刘某购买展板。由于是熟人陈某介绍来的，刘某轻易地相信了对方的军人身份。李某又提出让刘某顺便采购一些其他指定厂家的物品，承诺采购后一同付款，李某向刘某介绍了供货商赵某。刘某联系赵某后，赵某要求刘某先付款后发货。刘某向供货商赵某转账9万元。汇款后，刘某再想联系李某和赵某，发现二人都关机了。

二、诈骗套路

一是诈骗分子从网上搜集商家和部队的电话号码，为实施诈骗做准备。

二是诈骗分子伪装成部队采购员，以订餐、订物资等为由骗取受害人信任，后继续向被害人提出采购被害人不经营的指定物资。

三是诈骗分子主动提供向被害人提供指定物资供应商的联系方式，让受害人先垫付代购其他指定物资，并承诺在双方交易完成后将指定物资的货款一并支付给被害人，一旦被害人向对方支付货款或定金，诈骗分子就会拉黑被害人后消失。

三、防范对策

一是部队采购有着严谨规范的流程，各商家在接到订购信息后应当向相关单位核实对方的电话和身份，避免盲目备货造成损失。

二是如果采购物资过程中，订购方又提出要向特定第三方追加代购物资时，商家需要提高防范意识，此时商家极有可能遭遇骗局。

三是商家不要轻易相信电话联系的订购方，更不要向所谓"第三方供货商"支付货款或定金。

冒充流调人员

流调的全称是流行病学调查，流调的目的是弄清楚在过去一个时间段里，被调查人行动轨迹、去过的场所、接触的人员等。流调是疫情防控的关键环节，疾控中心的流调电话大家要接，但也要高度警惕对打着流调名义的诈骗电话，谨防上当受骗。

一、典型案例

【案例1　点击链接进行报备】　新冠肺炎疫情期间，上海有一些市民收到一则短信："【防疫办】经流调显示，您最近可能曾到访过××小区及周边地址，存在疫情风险。为进一步排查，需要您立即向所在社区（村）、单位、酒店报备，原地不动，等候核酸检测通知，由此给您带来的不便敬请谅解。请您点击链接www.×××.com核实身份，补充信息。根据疫情防控有关法律，如没有遵守上述要求造成疫情传播，将承担相应法律责任。"①

【案例2　行程卡与验证码】

骗子：我是省疾控中心的工作人员，根据流调显示你是密切接触者，从现在开始，你哪都不要去，不要接触任何人，我们马上来接你去医院隔离。

群众：啊？我最近没有去过人多的地方。

骗子：请积极配合防疫工作，我给你发一个链接，根据上面的内容，你必须填写个人信息，然后在家里面等着就可以。

群众：我真的没有，稍等稍等，我把信息填好，你再查一查，一定是搞错了。

骗子：你听我说，你这种情况也是极有可能发生的。近期，因为大数据行程卡访问量达到了极限，有些时候会出现系统故障。为了减少我们的工作量呢，我给你发个验证码，你电话不要挂，直接把验证码告诉我，这样就可以生成准确的行程轨迹，也就知道你到底是不是密接者了。

---

① 《1小时内5个人报警碰到"假流调"？警方辟谣，还告诉你真流调内容》，载https：//mp. weixin. qq. com/s/H640icc－hb_ 5RlIibv3T1w。

群众：好的好的，你稍等，我收到了，验证码是9527。

警察：停，这个验证码就是银行卡转账的验证信息。如果你听信了骗子的话，那么你就上当了。有了你详细的个人信息和你的手机验证码，骗子就可以通过网银把你的钱直接划走。

二、诈骗套路

一是诈骗分子假冒疫情防控人员进行流调，具有很大的迷惑性。先是非法获取公民个人信息，然后向群众拨打诈骗电话或发送诈骗短信。

二是诈骗分子向受害人发送带有链接的短信，短信链接其实是木马链接，如果民众在链接中输入姓名、身份证号、银行卡号等信息，就获得了下一步行骗的关键资源。

三是诈骗分子以各种理由向受害人要求提供手机验证码，一旦提供则账户资金安全会受到威胁。

三、防范对策

一是对于短信、微信中的链接要慎点，更不能轻易在链接中输入个人信息。

二是对号码开头有个"＋"或不显示归属地的电话要慎接，流调电话一般是本地固话或本地手机。

三是流调电话不会发送链接让你点击，不会让你下载 App，不会让你屏幕共享，不会发送二维码让你扫描，不会要求加入 QQ 群、微信群，不会推销"特效药"之类让你付费，不会索要银行卡号、密码及手机验证码，不会以任何理由要求转账和资金核查。

碰"运气"的汇款短信

诈骗分子利用我国人口基数大，每天需要办理汇款业务的人数众多这一事实，故意编写一些中性的词语，然后以大众化的名字，向不特定的人群大量发送汇款短信，骗取钱财。

一、典型案例

【案例1　"重新发给账号给你"】　　"款还没汇吧？以前的银行卡消磁不能用了，重新发个农行账号给你。"翁先生收到这样一条短信时，恰好就在农行营业所准备给朋友汇款。几乎是毫无防备，翁先生中招了，向对方账户汇去27950元。汇款后，翁先生才发现收款人不是朋友的名字，立即向公安机关报警。接到报警后，派出所马上与农行沟通，暂时冻结对方的账号。

【案例2　"办好后回信息"】　　陕西某石油公司总经理吴某瑜收到一条短信："请汇农业银行6228 4834 7107 940×××，户名陈杰，办好后发个信息给我。"当时，吴某瑜正准备给朋友汇款300万元，未经核实，便将短信转给公司会计。当日12时，会计在招商银行柜台将300万元2次转入短信中的账户。汇款后，吴某瑜与朋友确认时发现被骗。

【案例3　相同的姓名】　　李女士前往银行给朋友胡某汇款。汇款前，李女士电话联系胡某，让其把账号和收款人姓名发到自己的手机上。几分钟后，李女士的手机上收到1条短信，短信内容是银行卡汇款账号和收款人的姓名。李女士一看收款人姓名与胡某的名字相同，当即汇去92.8万元。随后，李女士电话告知胡某已汇款，胡某却说并没收到，两人核对后发现受骗。

二、诈骗套路

一是诈骗分子故意编写一些比较模糊的短信，让被害人汇款到指定的银行卡上，如果被害人正好准备汇款，就可能上当受骗。

二是由于中国人口众多，姓名的重名率高，诈骗分子还会在诈骗短信中用到一些常见的姓名。一旦被害人准备汇款的对象与诈骗分子发送的人名相同，被害人就很容易上当受骗。

三、防范对策

一是大家平时在汇款时，一定要认真核对，仔细确认收款人信息是否有误。遇到大额汇款时，一定要与收款人电话联系，确认接收汇款的银行账号与收款人信息。

二是一旦发现被骗，我们应立即自救，拨打诈骗分子提供的银行账号的客服电话，根据自动语音提示，故意输错密码3—5次，将骗子的银行账号临时锁定，为警方后续处置争取时间。需要注意的是，通过输错密码锁定银行卡，只限于当天有效，次日骗子还能用，民众还要不断重复上述操作，直到该银行卡被长久冻结。

三是一旦被骗，大家应迅速登录网上银行，故意输错涉案账号的取款密码，锁定犯罪分子银行卡的网银支付功能。

四是被害人应在最短时间内报警。

四、交易诈骗

在现代社会中，有偿寻求专业人士解决困难已成为一种生活方式。诈骗分子向被害人发送虚假的代办信用卡、违章消除、手机定位、恢复聊天记录等服务信息，一旦被害人联系，诈骗分子就会以各种名义要求被害人汇款。

（一）交易诈骗的种类

一是消除违章类诈骗。随着国家对车辆驾驶人员的管理日趋严格，违章人员的驾驶证的扣分超过一定分数，就要被吊销驾照，一些驾驶人员会选择花钱消分。诈骗分子在网上发布消息，谎称能够帮助消除扣分。

二是恢复手机信息类诈骗。手机中已删除的信息对当事人可能具有重要价值，诈骗分子谎称能够恢复手机记录。一旦被害人主动联系，诈骗分子就会以保证金、保密费、首付款等名义，不断要求被害人汇款。

三是手机定位类诈骗。由于公安机关的手机定位技术有严格的使用条件，一些人在日常生活中也想利用该技术，诈骗分子谎称自己拥有手机定位技术，只要被害人缴纳保证金、保密费，就可以帮助被害人使用手机定位技术。

四是办理银行贷款类诈骗。银行办理贷款或信用卡有严格的审批程序，一些人为了解决资金上的困难，往往在网上救助。诈骗分子谎称能够办理无抵押贷款、提高信用卡的等级等，操作中会以各种名义要求被害人缴纳费用。

（二）交易类诈骗的环节

一是诈骗分子在网上发布能够代办无抵押贷款、提高信用卡的等级、提供手机定位、恢复聊天记录等服务信息，坐等被害人上当。

二是一旦被害人向诈骗分子提出服务需求，诈骗分子就会以保密费、订金、加急费等理由，骗取被害人财物。

三是一旦被害人向诈骗分子指定的账户汇款，诈骗分子就会快速地将赃款分散到多个账户，然后将赃款转移至第三方支付平台或赌场洗钱。

（三）交易类诈骗的防范

一是大家办理信用卡、贷款尽可能地向银行申请，不要相信网上的无抵押贷款。

二是选择正规渠道购买相应服务，或寻求帮助，以免中了不法分子的圈套，贪小便宜吃大亏。

三是接到客服来电时，不要急于相信，要向卖家核实，一旦客服人员要求自己提供银行账号、密码等信息时，肯定是骗子。

四是相关部门应加强宣传工作，提升民众对此类诈骗的防范意识。

紧缺商品的诈骗

新冠肺炎疫情初期，一些不法分子利用口罩及其原料供不应求的情况，在实际并无口罩或原料的情况下，在网络发布虚假供货信息，骗取受害人货款或定金。

一、典型案例

【案例1 朋友圈卖口罩】 2020年1月，新冠肺炎疫情暴发不久，医用防护口罩生产供不应求，邱某在并无口罩货源的情况下，在朋友圈发布广告，出售所谓的N95、N90口罩。受害人向其发送货款后，邱某或向被害人发送虚假的快递单号，或直接不回复，或将被害人拉黑。邱某共骗取货款8380元。

【案例2 熔喷布骗局】 熔喷布是生产医用口罩的主要原料，在新冠肺炎疫情暴发初期，口罩供不应求，其原材料熔喷布也价格一涨再涨并且货源稀缺。2020年5月，程某在没有口罩、熔喷布货源的情况下，在个人微信朋友圈发布虚假的销售信息，声称有熔喷布销售，骗取被害人周某的定金1万元、樊某的定金1.5万元。

二、诈骗套路

一是诈骗分子利用疫情防控下的特殊商机，利用人们买到就是赚到的心理，虚构有大量防疫口罩可供出售的事实，故意在网上发布一些口罩、熔喷布、机器等虚假图片，发布到微信朋友圈、抖音、闲鱼等平台，等人上钩。

二是被害人看到信息后与诈骗分子联系，诈骗分子声称货源紧张，为防被骗要求被害人先支付货款或支付定金，然后再发货。

三是诈骗分子收到货款后，根本无货可发也不打算发货，直接将被害人拉黑或不作回复。

三、防范对策

一是对陌生人慎加微信好友，对抖音、闲鱼等平台上的信息保持一定的警惕性，不可以轻信。

二是对于微商、朋友圈、二手平台上的交易信息要更加小心，因为其没有专业网购平台的审核与保障机制，权益受损后往往难以获得赔偿。

三是互联网平台要加强对网上交易信息的监管，对涉及诈骗的账号及时封堵。

四是加强对网友安全意识的教育，提高防范意识。

"套 路 贷"

"套路贷"，是以非法占有为目的，假借民间借贷之名，诱使或迫使被害人签订"借贷"或变相"借贷""抵押""担保"等相关协议，通过虚增借贷金额、恶意制造违约事由、肆意认定违约、毁匿还款证据等方式形成虚假债权债务，并借助诉讼、仲裁、公证或者采用暴力、威胁或其他手段非法占有被害人财物的相关违法犯罪活动。

一、典型案例

【案例1 "套路贷"之"车贷"】 市民张某报案称，其因贷款被车贷公司扣车并索取高额费用。原来张某通过微信联系上一家车贷公司，并签订了本金32000元，60日后还款的借款合同。之后，张某均按时支付利息等费用。借款后的第61天，车贷公司突然将张某的汽车开走，并要求张某支付本金、违约金、拖车费等费用共计56000元。

经分析，民警认定这是一起典型的"套路贷"案件，涉案的车贷公司以押车贷款名义下套设局，对车主进行敲诈勒索。经侦查，犯罪嫌疑人被抓获归案。①

【案例2 "套路贷"之"校园贷"】 陈某某等3人商议后，成立了一家专门放高利放贷的公司。为保证借款能够顺利收回，他们先后雇用了6名"90后"专职讨债，并授意其可以采取过激手段，只要不造成严重伤害就行。

经朋友介绍，资金周转困难的小丰到陈某某等人开的公司借钱。当时小丰借款1万元，但陈某某等人的公司出具的却是2万元的借条，而且利息提前从借款中扣除，最终小丰拿到手只有7000元。由于紧急用钱，小丰也没有想太多，就在借条上签了名。

小丰借款后不到一个月，陈某某就带着一群"小弟"来找他，让他赶紧还钱。见小丰犹豫，这些人就对他拳脚相加，逼着他还钱。出于害怕，小丰

---

① 《警惕："强取豪夺"套路贷》，载 http://mp. weixin. qq. com/s/HpGtjXK8rBI5h5Yujw FsLw。

"老老实实"地把钱还了出来。

同是被害人的小龙借款后，陈某某手下的几个人拿着高音喇叭，来到小龙家楼下，大声喊小龙的名字，让他还钱。小龙的姐姐听不下去，下楼替小龙还了钱。同样的被害人还有小聪，因未还钱，小聪被几个人强行拽上车，带到水库边对其拳打脚踢，并威胁说如果再不还钱就把他扔到水库里……陈某某等人在催讨高利贷的过程中，随意殴打、辱骂甚至非法拘禁他人，进行威胁恐吓，实施各类违法犯罪10余起，相关7人后被提起公诉。①

【案例3　"套路贷"之"房贷"】②　程某以家中装修为由，向某小贷公司借款25万元。对方的条件是，还款期限两个月，并将家中房产本抵押在该公司处。但借条上借款总额必须写明是40万元，多出的15万元当作头两个月的利息。这在业内被称作"砍头息"，指高利贷或地下钱庄在给借款者放贷时先从本金内扣除一部分资金。通常出借人为了防范风险，会直接从本金中扣除利息来确保利息能够收回。但这也让借款人实际拿到的本金低于账面上的借款数额，并且导致借款过程中实际利率高于合同约定的借款利率。

两个月后，程某仍无法归还40万元本金。为了偿还之后的月息，该公司某蒋姓员工将程某带往正规金融机构借款，程某利用个人身份证信息，先后在半年内向融宜宝、宜信、工商银行等10家机构借款约45万元用以偿付借款利息。

在借贷过程中，借款人还对程某名下的房产进行了抵押登记，并在公证处办理了具有强制执行力的公证债权文书，以及《房屋买卖全委托公证书》。一旦程某未按时清偿债务，对方有权向法院要求对上述抵押房屋强制拍卖，以归还欠款。

二、诈骗套路

一是涉世不深、社会经验不足的青年人，包括在校大学生、走上工作岗位不久的毕业生，在因生活消费、参与赌博、参与"投资"（如以投资"抖音"等直播平台）等急需用钱时，容易成为"套路贷"的目标。

二是不法分子以"迅速放款""无抵押无担保"为诱饵吸引借款人，哄骗其在空白借条及协议上签字，之后写下高于借款额几倍的数额。之后，以语言威胁、非法拘禁等手段，对借款人及其家属强行收账，进而将债务"滚雪

---

① 《高利放贷盯上"90后"　浙江一"套路贷"团伙被公诉》，载 http://news.china.com/socialgd/10000169/20180403/32266960.html。

② 《"套路贷"盯上的其实是你的房子》，载 http://www.infzm.com/content/123527。

球"，通过层层"平账"和"再借款"，放贷人最终获取的钱款往往是借款人最先借款额的十几倍甚至几十倍。

三是"房贷"类"套路贷"案件中，借款人要求被害人与之签订"房屋抵押合同"。在被害人无力还款时，借款人以虚假诉讼的方式向法院提起诉讼。或者是在诈骗分子与被害人签订虚高借款合同的同时，签订小额保证金合同，随后诈骗分子凭该份小额保证金合同向法院申请将被害人房产予以财产保全，以此相要挟达到"索债"的目的。

四是校园"裸贷"案件，主要针对在校女大学生。在发放贷款时，要求女大学生提供裸照，贷款的方式仍是预先扣除高额利息，在被害人不能及时还款时，以公布裸照相威胁。

三、防范对策

一是公安机关要持续加大对"套路贷"的打击力度，在扫黑除恶常态化斗争中落实最高人民法院、最高人民检察院、公安部、司法部《关于办理"套路贷"刑事案件若干问题的意见》，依法惩治"套路贷"犯罪。

二是金融监管部门加大对互联网金额贷款公司的监管力度。有很多贷款都是通过网上 P2P 公司（P2P 指互联网金融点对点借贷平台）进行的，金融监管部门要对 P2P 公司应采取严格的管制措施。同时，应限制 P2P 公司获取用户的征信记录，应禁止将未归还 P2P 公司的义务人直接纳入征信记录。

三是审判机关在审理可能涉及"套路贷"的民事案件时，应注意加强甄别。"套路贷"往往设计了周密的条款，可能涉及虚假诉讼，民事法官如果就借条审案，对债务人一方的辩解简单地以举证不足为由驳回，就容易忽略背后的刑事犯罪因素。

四是国有银行发挥在小额贷款中的作用，降低贷款门槛、简化手续。与时俱进，推进国有银行互联网贷款平台建设。同时，通过对失信借款人进行信用惩戒的方式在全社会形成良好的诚信意识。

五是有关机关要加强法治宣传，提高群众对套路贷的防范意识，政法机关应加强"以案释法"，引导群众到正规银行去办理贷款业务。

网上贷款

由于银行贷款额度有限制、手续烦琐、申请等候时间长，诈骗分子利用民众急需用钱的心理，在网络上发布虚假的"无抵押、无担保、快捷便利"的广告。一旦被害人联系诈骗分子，诈骗分子就会要求被害人提供相关证件，填写相关资料，使被害人产生诈骗分子公司比较正规的错觉。然后再以帮助被害人办理贷款走了许多关系需要被害人给予一定的好处费、还款评估费等为由，骗取被害人钱财。

一、典型案例

【案例1　"无抵押贷款"】　王先生在网上看到"无抵押贷款"的广告，立即联系对方。对方称能帮王先生办理无抵押贷款，最高金额可达15万元，条件是办理贷款前，王先生必须办理一张银行卡，开通网银U盾。为了申请贷款，王先生按照对方的要求办理了银行卡、U盾。随后，"银行审核部"的工作人员联系王先生，工作人员称为了方便将贷款打到新卡上，必须做一个银行卡关联，要求王先生到银行办理关联手续。在王先生办理好银行卡关联手续后，"银行审核部"的工作人员又联系王先生，按照无抵押贷款程序，需要查看贷款人的经济能力，需要王先生将1万元存入账户再取出来，多次存取操作后，银行就可看到银行卡上有大额的交易流水记录，证明王先生有偿还能力，王先生一一照做。在反复存进1万元后，王先生发现账户上的1万元突然消失了。

【案例2　银行卡手机卡寄给骗子】　王某向公安机关报警称工商银行卡内的2万元无故失窃。王某反映：在一个贷款的QQ群中，认识QQ号为534×××166的人。对方以帮助办贷款为名，要求王某提供身份证复印件、2张银行卡，1张手机卡。为获得贷款，王某按对方要求将自己的工商银行卡及手机卡邮寄给对方。不久，王某发现自己工商银行卡内的2万元被他人转走。

由于王某将银行卡捆绑了手机号，又将手机卡邮寄给犯罪嫌疑人，所以诈骗分子可以通过网上支付平台注册的方式，将王某与手机号码绑定的银行卡内存款转走。

【案例3 钓鱼网站】 方某向当地公安机关报警：接到一名自称北京中信投资公司陈总的电话，问其是否需要小额贷款。经交流，方某根据对方指示办理一张工商银行卡，对方以验资为由，要求方某在卡内存款27000元。之后，对方发来一个网站链接，要求方某支付手续费，当方某按照对方提示支付手续费后，发现银行卡上的26988元被骗走。

经审讯查明：蔡某以办理小额贷款的方式诈骗，使用购买的钓鱼网站，骗取方某的银行卡号及密码，将其账户里的26988元钱盗走。作案后，蔡某以8000元的价格将钓鱼网站卖给他人。

【案例4 收集个人信息的贷款中介】 陈先生在微信上接受他人加好友的申请。对方声称能够快速办理贷款，并且程序简单。按照对方指示，陈先生将身份证、银行卡拍照传输给对方，并向对方提供了支付宝、淘宝账户和邮箱，支付了58元的额度审核费。次日，对方告诉陈先生可以贷款65000元，但是需要支付4500元的中介费。陈先生又给对方汇去4000元，剩余的500元，双方约定事成后付清。一小时后，对方称陈先生的贷款额度太高，需要用他们公司的设备做人脸识别才能提款。两天后，陈先生收到对方寄过来的智能POS机，按步骤操作后，陈先生的贷款还是没能批下来。此时，陈先生意识到上当受骗，向当地公安机关报警。公安机关将肖某、颜某、吴某等31名犯罪嫌疑人抓获归案，当场缴获涉案电脑硬盘3块、赃款30余万元及大量账本、公民个人信息，冻结涉案赃款72万元。

二、诈骗套路

一是诈骗分子建立虚假的网站或通过拨打电话方式，发布虚假的贷款优惠广告。诈骗分子通过淘宝、QQ群以每个群1元的价格，请他人邀请自己入群。加入群后，诈骗分子群发"快速放款""99%放款率"的贷款广告。由于诈骗分子加入的多是投资、股票相关的群，吸引的也都是无法正常办理贷款的群体，因此，不会被踢出群。

二是诈骗分子以虚假的优惠贷款条件打动被害人，然后要求被害人开通关联银行卡业务。利用被害人迫切获得贷款的心理，再以验资为目的，让被害人向银行卡中存入一定数额的资金，一旦被害人向银行卡中存入资金，诈骗分子就通过关联银行卡转走被害人存入银行卡内的资金。

三是诈骗分子要求被害人将银行卡绑定诈骗分子指定的手机号，一旦被害人向银行卡中存入资金，诈骗分子就会利用与银行卡绑定的手机号码申请开通网上银行，然后转走被害人银行卡中的存款。

四是诈骗分子故意要求被害人提供完整的个人信息，制造他们是正规贷款公司的假象，然后以支付利息费、手续费、保证金为借口，要求被害人汇款。

五是为了逃避惩罚，诈骗分子诈骗成功后，会向被害人邮递 POS 机，让受害者以为自己最终是花钱买了 POS 机，以此减少被害人报案的概率。

三、防范对策

一是民众应当了解银行办理贷款的相关程序，正规的贷款机构在未发放款前是不会收取任何费用的。不要轻易相信无抵押贷款的广告，不要轻易被网上贷款的优惠条件所蒙蔽。

二是仅凭身份证是不能办理无抵押贷款的，为了保障贷款安全，银行无抵押贷款的要求是很严的，遇到所谓无抵押贷款时大家一定要提高警惕。

三是放贷方要求用其提供的手机号码作为当事人的银行联系号码，或者要求开通银行卡的关联卡的，肯定是骗子。如果按其要求操作，对方就可以用手机号进行网银转账操作。

四是国家金融管理部门可以指定几家金融机构从事网上放贷业务，并向社会公布单位名录，从源头上减少民众上当受骗的可能性。

“闲鱼”上的骗局

在“闲鱼”等网络二手平台交易时，由于交易商品通常并非全新产品，所以在商品质量发生纠纷时买家和卖家往往各执一词。很多卖家只是零星出售商品，双方交流信息不对称，若买家脱离平台与卖家进行资金交易、沟通交流等，则很容易上当受骗。

一、典型案例

【案例1 伪造付款截图】 张某某等人冒充“闲鱼”平台买家，寻找该平台内零交易记录的卖家假装进行交易，谎称需要了解商品情况先索要卖家的QQ账号，后通过QQ聊天，利用“微截图”软件制作虚假付款截图发送给被害人，虚构已付货款的事实以骗取被害人信任，进而利用“爱番番”软件伪造虚假“闲鱼”平台客服链接，再冒充平台客服，以收取保证金、安全保险费、付款超时、充值VIP优先退款等理由，骗取被害人钱款。

【案例2 明星明信片】 汪某某发现一些在校学生喜欢追星，于是通过“闲鱼”发布出售明星明信片的虚假信息，以收取明星明信片货款、明星生日会门票定金、安排前排座位、与明信互动、拥抱等名义，共骗取多名在校大学生32783元。

【案例3 二手苹果电脑】 2020年10月初，成某租用某楼层，作为翻新、出售二手苹果电脑的工作地点，雇请多名无业人员作为销售人员。成某从二手市场以520元至550元不等的价格收购废旧苹果笔记本电脑和相关配件，通过拼装、换件等方式修复翻新后，冒充有全国联保的正规二手苹果笔记本电脑以1350元的底价让销售人员在网上向不特定的人员销售。其中，成某负责提供虚假的苹果电脑全国联保发票和苹果电脑发票财务专用章，谢某秋及陈某层、杨某珍、成某兴等人利用手机在“闲鱼”上使用“售卖话术”，以每台1800元至2200元不等的价格销售。

二、诈骗套路

一是诈骗分子在“闲鱼”等二手交易平台针对不同人群推出一些特殊商

品或低价商品，吸引目标。

二是诈骗分子通过在"闲鱼"平台查找零交易记录的卖家，利用卖家不熟悉交易流程的特点，用软件伪造付款截图欺骗卖家，并将卖家引导到虚假的客服链接上进行诈骗。

三是诈骗分子在根本无货的情况下，在"闲鱼"等二手交易平台发布交易信息，骗取买家货款，并用话术让买家追加付款，提高诈骗金额；或者在平台发布货不对版的信息，骗取被害人钱款。

三、防范对策

一是不论是买家还是卖家，在网上交易时，应当通过官方的平台，这样既可以作为平台处理纠纷的证据，又可以防范虚假客服链接。尽量不要私下交易，不仅不利于维权，还容易陷入诈骗圈套。

二是对于付款是否成功不能靠截图，而应当查看交易平台显示的交易信息。买卖双方在平台交易过程中，交易是否成功不能靠截图来判断，而应当依据交易平台显示的交易信息。

三是相关部门要加强对二手交易平台及入驻商家的管理，一旦发现平台商家有违规行为立即依约制裁，压缩诈骗分子的作案空间。

押题试卷

诈骗分子在网上兜售所谓"押题试卷"或考试答案，目的只是骗钱，他没有也不可能有真正的"押题"试卷。受害者交了钱以后，还可能面临连环陷阱。

一、典型案例

【案例1 "名师试卷"实为网上拼凑】 张某某、黄某某先后招募数名无业人员加入某公司，公司内设编辑部、运营部、销售部等部门。编辑部负责将从网上下载卫生、财会等国家职业资格考试、职称考试试卷，或者购买出版资料进行扫描，按照科目、格式整理拼凑成电子版试卷。运营部负责文案设计以及投放搜索引擎竞价排名广告，以吸引网民浏览点击。销售部负责与客户交流，并使用话术将抄袭、拼凑的试卷包装成"名师编写""来源于内部渠道"，具备"65%押题率""95%过关率"的"押题试卷"，诱骗被害人以每科几百元至两千多元不等的价格购买，并在被害人发现上当进行投诉时通过话术予以敷衍、拖延。3年间，张某某、黄某某等人骗取被害人钱款共计2319万余元。

【案例2 成人高考试题答案网上卖】 家在浦江县的卢某报名了成人高考之后，手机上就收到各种相关短信。卢某有天被短信内容吸引，按短信加了某甲的QQ号。某甲说，其手中有成人高试的试卷和答案，英语、政治、医学综合三门课程每门400元，保证85%通过的可能性。卢某感觉也不算贵，于是定了三门课程，打完折960元。某甲发给卢某一个工商银行卡号，卢某以支付宝转账的方式将960元汇了某甲，某甲发给卢某一个加密QQ邮件。卢某打不开，某甲称要加2000元的防泄题保证金，交了保证金就给文件密码，而且保证金等考完会返还。卢某又以支付宝转账的方式将2000元汇给了某甲，但仍然未收到文件密码。再联系某甲，某甲说保证金只是保证试题不放到网上或给其他人，还需要再交保密金2000元，就是对这个事要保密。卢某感觉被骗，向公安机关报警。

二、诈骗套路

一是诈骗分子主要通过非法渠道获取公民个人信息，在网上寻找目标客户，为实施诈骗犯罪做好准备工作。

二是诈骗分子利用被害人担心考试能否通过的心理，主动联系被害人。一旦被害人应答后，诈骗分子就会使用话术作虚假宣传、承诺，如试题是内部试题、名师编写、考试包过等。

三是被害人向其支付费用后，获取的试题可能只是网上复制下来的普通试题或发送没有实际试题的加密文件包。

四是有的诈骗分子还可能进行连环诈骗，要求被害人支付保证金及其他后续费用，直到被害人识破不再支付。

三、防范对策

一是考生要有正确心态，不要指望投机取巧。网上买"包过"的答案、试卷不仅耽误了考试，还会有金钱损失。

二是加强个人信息保护，大家在各种网络平台注册时，要防止信息泄露。公安机关等有关部门要进一步加大对侵犯公民个人信息犯罪的打击力度。

三是市场监督部门、教育行政主管部门、网络监管部门要加大对网售试卷、答案的监管力度，对涉嫌犯罪的人要及时移送公安机关。

高　考

每年有上千万的考生参加高考，如此众多的考生也成了一些骗子觊觎的目标。

一、典型案例

【案例1　出售高考试卷答案的骗局仍然有人信】　安徽警方接到群众报警，称有人在网上以"出售高考试卷答案"为名，骗取家长及考生钱财。警方经分析研判，迅速锁定了江西籍犯罪嫌疑人黄某。黄某进入多个聊天群，谎称自己有渠道可以买到高考答案，以每科1.5万元的价格将所谓的"高考试卷答案"出售给家长及考生，诈骗安徽、山东、湖南等五省10余人，骗取钱财10余万元。

【案例2　"占坑帖"押题骗术】　每年高考期间，都会有一些社会培训机构或者其老师通过网站论坛等形式，宣称自己押中了高考题目，而且显示的发帖时间均在高考前，以此来扩大培训机构影响力，招揽考生。其实这些帖子均是在考前发布，发帖者通常具有管理员权限，帖子内容为空白或其他内容，在考试结束后将网上获得的试题重新编辑到"占坑帖"并公布，以此制造考前获得试题或"押中真题"的假象，并作为噱头进行培训辅导宣传，博取网民关注，混淆社会视听。

【案例3　招生诈骗】　受害人陈某某在某网站上认识一名叫陆某超的男子，该男子称能帮助受害人的孩子录取到更好的学校。通过网上多次联系，陈某某相信了陆某超的谎言。之后，陈某某陆续向陆某超支付7.8万元，结果陈某某的孩子不但没有被录取，而且人财两空。高考成绩公布前，一些不法分子往往利用家长盼子成龙、盼女成凤的心态，通过伪造文件、私刻印章、设立报名处和咨询电话等方式，假冒高校招生人员、校领导亲戚等，谎称手中掌握高校"内部指标""机动计划""定向招生计划""低分高录""补录"等实施诈骗。

二、诈骗套路

一是骗子事先潜入各种QQ群、微信群，在高考期间广撒网，信誓旦旦宣称自己有特殊渠道可以获得高考试题及答案，等待考生或家长上钩。

二是招生机构通过编辑"占坑帖"的方法，预留位置，等高考试题公布后迅速编辑上传，仍显示原始发帖时间，以此欺骗考生和家长。

三是诈骗分子通过各种网络途径联络考生家长，编造话术，利用家长对招生政策掌握的不全面进行诈骗。

四是诈骗分子一旦骗得家长的资金，立即人间蒸发。

三、防范对策

一是高考拼的是平时的努力与考场的发挥，高考试题试卷属于国家绝密级材料，不可能泄露并出售。高考作弊轻则取消成绩，重则违法犯罪。考生及家长，切勿轻信此类虚假宣传，以免上当受骗。

二是高校招生录取有严格的工作流程，高校招生计划由省级招生考试机构统一向社会公布。高考录取过程中不存在所谓的"内部指标"，考生及家长要警惕"花钱能买大学名额"的诈骗信息，通过正规渠道了解、确认考试招生政策和信息。

三是相关部门要加强宣传工作，通过"以案释法"等形式，提高民众对此类诈骗的防范意识。

假证件

随着国家社会治理的日益规范化，不同职业有不同的行业门槛，获得行业主管认证的证书成为从业的基本条件。诈骗分子针对一些不愿意通过考试获得证书的人，在网上开辟花钱购买证书的"业务"。

一、典型案例

【案例1　假文凭】　犯罪嫌疑人蒋某某等人购买QQ号，从网上搜一个办文凭的网站模板，通过百度代理交2400元后开始在百度上推广办文凭的"钓鱼"网站，后通过QQ聊天让需要办证的人交费办证，不同文凭有不同的收费标准，前期先让被害人交20%的定金，然后制作假的"学信网"页面发给被害人，通过远程打开让对方看到以取得信任，后再让其交余款。余款交了后，又以要提供保证金为由，不断追加行骗。共诈骗受害人只某某等19人，骗取金额301100元。

【案例2　入侵政府网站办假证】　蔡某某通过申请注册的"弘成教育"等多个QQ号，分别在58同城、赶集网等网站上发布各种代理办证信息，承诺所办证件可通过官网查验和提供纸质证书。蔡某某在收到购买人支付的定金后，把购买人的信息转发给蔡某，由蔡某通过非法入侵计算机的方式获取各地政府网站的后台权限，在这些网站内挂上蔡某为购证人制作的虚假职称信息内容。蔡某发送查验链接给购买方，供其查验后支付余款。蔡某某共收取253个购买人购证费用共计557096元。

【案例3　建造师考试】　张某等人通过"企查查"等网站查询到被害人信息，以北京某某教育科技有限公司的名义给被害人拨打电话，虚构公司培训师资力量，声称"公司跟住建部有关系，只要不交白卷，把试卷写满，有关系让你通过考试"，取得被害人信任后骗取被害人钱财。后因接到大量被害人投诉，为转移视线逃避打击，该集团将作案地点搬迁至北京市某区大数据基地，随后便以北京某某管理咨询有限公司的名义，继续实施诈骗行为，张某等人共骗得1727200元。

二、诈骗套路

一是诈骗分子或者在网络上发布虚假办证信息，或者直接给被害人打电话，联络诈骗对象。

二是在被害人上钩以后，诈骗分子以要求预付定金等形式进行诈骗。

三是为增强可信度，诈骗分子通过非法入侵政府网站、制作假的"学信网"等形式让被害人进行验证。

四是被害人支付全部约定的货款及费用后，有的诈骗分子并不立即发送假证书，而是以需要提供保证金为由追加进行诈骗。

三、防范对策

一是考生要有正确的心态，非正规渠道获得证书不具有任何法律效力，买证不仅会上当受骗，而且是违法甚至是犯罪行为。

二是网络监管部门要加强对搜索引擎的管理，防止搜索引擎为违法犯罪活动引流。

三是政府网站要加强网络安全管理，防止被非法入侵和利用。

四是证书使用单位要加强对证书真实性的审核，发现使用假证涉嫌犯罪的及时移送公案机关。

刷　单

刷单是店家雇用他人假扮顾客虚假购物以提高网店的排名，从而吸引潜在顾客的行为。刷单有时会成为诈骗分子实施诈骗的手段。首先在网上发布虚假的刷单广告，一旦被害人主动联系诈骗分子，诈骗分子就会设计陷阱：必须完成一定的刷单数量，才能兑换佣金，或者先付款购买指定产品，才能兑付佣金。当被害人自费刷单金额达到诈骗分子的满意度，诈骗分子就会拒绝被害人兑付佣金的要求，关闭自己的联系方式。

一、典型案例

【案例1　提不了现的刷单】　王先生收到一则"招聘兼职、代刷信誉"的短信，这让正在找工作的王先生心动，王先生立即联系对方，对方向王先生详细地讲解了刷单的规则。随后，对方告知王先生，需"先付款、再付佣金"。对方自称正规公司，并且将公司的营业执照、法定代表人身份证以图片形式发给王先生查看。在商谈好条件和报酬后，王先生开始刷单。刷第一笔单时，王先生花费5元，网购1件日用品，完成评价后获得10元佣金。尝到甜头的王先生继续刷单，网购商品的价格也越来越高。看着账目上的佣金不断增多，王先生提出兑现。对方称只有刷满20笔交易后，才能一次性返还本金和佣金。王先生只好继续按对方要求网购商品，直到被对方拉入黑名单，王先生也没能收到钱款，损失1万多元。

【案例2　刷单骗局】　陈某在微信朋友圈中看到"诚信信息平台瑞瑞"发了一条刷单挣佣金的广告。通过广告下方的"二维码"，陈某加了昵称为"金牌客服——小琴"为好友。随后，"金牌客服"给陈某发来一个链接，陈某刷单30余次，被对方骗走82000余元，陈某遂报警。

经侦查，受害人资金分别从微信和支付宝流向犯罪嫌疑人的账户，其中微信转账的资金被犯罪嫌疑人在某科技平台购买手机充值卡。支付宝的钱款分别转向：3个一级支付宝账号、4个二级支付宝账号。经调取犯罪嫌疑人QQ登录信息，侦查人员发现犯罪嫌疑人的登录地址为柬埔寨。经调取涉案支付宝的注册及相关交易信息，侦查人员发现犯罪嫌疑人的支付宝账号为公司账号，注册信息为虚假信息。

【案例3 开启"远程协助"的刷单】 沙某向公安机关报警：有人冒充游戏好友，谎称只要沙某完成网络兼职刷单任务，就可领取游戏福利，骗取其15084元。经侦查，沙某在"歪歪语音"里与玩家互动聊天时，一名自称与沙某同一战队的队友加沙某号为歪歪好友，称与战队队长联系，就可领取战队的游戏福利。沙某立即联系战队队长，队长告诉沙某，必须先帮助战队完成兼职刷单的任务，每笔刷单任务的金额是3000元，连续完成5笔任务后，之前的刷单金额会自动返还给沙某，战队会发送一个游戏大礼包到沙某的游戏账号里。为得到游戏大礼包，沙某在电脑上登录了自己的支付宝账号，通过QQ的"远程协助"功能，将自己的电脑控制权交给队长，开启支付宝手机客户端。按照队长的指示，沙某通过扫码转账及消费的形式，将自己账户内的15000元转出，完成5笔刷单任务。随后，队长将沙某的QQ号拉黑。

二、诈骗套路

一是在此类骗局中，诈骗分子通常会发布虚假兼职信息，以高回报诱骗被害人入局。被害人通常是待业人员，诈骗分子利用其急于找工作的心理，故意在网上发布虚假的"刷单"信息。一旦被害人主动联系，诈骗分子就会编造各种借口，让被害人先行汇款。

二是为了骗取被害人的信任，鼓励被害人多刷单，诈骗分子告知受害人在购买商品后将返还其本金及佣金。为了"放长线钓大鱼"，被害人首次刷单时，诈骗分子会返还被害人本金与佣金。

三是随着购买商品金额不断增加，诈骗分子会以被害人刷单慢、系统故障、操作不当等各种借口让被害人继续刷单。

四是骗取受害人信任后，诈骗分子会以高额支付将赚取更多佣金为由，引诱被害人继续刷单，然后再找理由拒绝返现，或者直接将被害人的联系方式拉黑。

三、防范对策

一是网络刷单是虚假交易，属于违法行为，民众切不可因所谓的"高额回报"而被人利用，以免上当受骗。

二是所有的"刷单"广告均为诈骗，大家在接到这些信息时应坚决拒绝并向有关部门举报。

三是刷单诈骗是发生率最高的网络诈骗之一，公检法司等具有普法职责的部门要强化宣传，让犯罪分子无机可乘。

信用卡升级

诈骗分子从网上非法获得被害人的信息后，冒充银行客服给被害人发送短信，谎称可以提高被害人的信用卡等级。为了取信于被害人，诈骗分子会主动报出被害人的身份信息。一旦被害人点击诈骗分子发送的链接，相关网页就会要求被害人填写手机号码、银行卡密码等信息，钓鱼网站会自动保存被害人填写的信息，然后诈骗分子利用钓鱼网站窃取的信息，快速修改被害人的银行卡密码，后转移银行卡内的资金。

一、典型案例

【案例1 验证码别告诉他人】 詹先生接到一通"400"电话，对方自称是招商银行信用卡中心。对方称詹先生的招行信用卡要到期了，可以将普通信用卡升级成金卡，并把信用额度调至6万元人民币。对方准确报出詹先生的身份证号和两张招商银行信用卡的号码，詹先生放下警戒心理，同意升级信用卡。此时，对方又称詹先生信用卡消费额度不够，需要将资料提交深圳总部完成升级，詹先生可以向招商银行总部汇款5000元作为测试金。交完测试金后，就会接到95555的短信，只要詹先生将收到的6位验证码告诉对方，就能够顺利地将信用卡升级。对方与詹先生核对了公司地址和家庭住址，詹先生将自己收到的验证码告诉了对方，通话持续30分钟。办完升级手续后，詹先生登录网上银行，发现自己的招行储蓄卡被盗刷1000元，招商银行信用卡被预借了5000元。交易短信显示，詹先生还在网上消费5000元，向他人的建行卡转账6000元。詹先生发现被骗后，遂即向公安机关报警。

【案例2 短信链接藏陷阱】 周先生收到一条银行客服发来的信用卡升级短信。周先生打开短信中的链接，登录网页后填写了姓名、身份证号、信用卡号、银行预留手机号码、信用卡密码等信息。不久，周先生收到了一条银行客服发来的信息："您尾号为×××的信用卡有一笔10000元的消费，动态码×××，请勿泄露。"周先生感到很奇怪，自己并未刷卡消费。正当周先生充满疑虑时，接到了银行客服人员的电话：周先生您好，刚刚的消费提示信息是为了确认您的信用额度。请您把动态码告诉我，以便通过认证。周先生半信半疑地将动态码告知银行客服人员。随后，周先生发现自己的银行卡被盗刷 10000 元人民币。

二、诈骗套路

一是诈骗分子通过非法手段获得公民的信息，然后给被害人发送短信，一旦被害人回应，诈骗分子就以各种理由骗取被害人的银行卡密码等核心信息。

二是诈骗分子内部分工严密，有的负责购买手机、购买手机号，有的负责开设银行账号，有的负责群发手机短信，有的负责从 ATM 提款。

三是诈骗分子使用短信群发器等工具，能够在短时间内发送大量的诈骗信息，总会有好奇轻信或者警惕性不高的民众上当受骗。

四是诈骗短信的内容一般为"客户您好，您持有的××银行信用卡在××地消费了×××元，咨询电话×××××，银联电话×××××"。诈骗分子为提高诈骗成功率，通常会选择发卡量较大的、农、中、建四大银行卡的持有人为作案对象。客户一旦拨打电话，对方便自称××银行客户服务中心，要求被害人填写银行卡卡号、输入密码进行查询或确认，伺机窃取被害人的银行卡信息。

三、防范对策

一是不要轻易点击陌生短信、邮件、社交工具上收到的链接，特别是中奖短信、参加某综艺活动的短信链接，不要随便安装陌生应用软件。

二是对于收到的以 106 等开头短信不要轻信，涉及费用的短信链接，不要打开。

三是不轻易向在不熟悉或不正规的机构或网站泄露个人信息，网银账号、普通社交账号密码要区分，密码要定期修改，谨防银行卡信息不慎泄露而被盗刷。

四是不确定短信内容真假时，不要拨打对方提供的咨询电话，尽可能地亲自去附近的派出所或银行网点，当面向警察和银行工作人员咨询。

五是诈骗分子的终极目的是骗财，无论对方以什么理由联系自己，只要谈到钱或者银行卡号码、验证码，都要高度警惕。

网店代运营

诈骗分子先成立公司，在各大网络平台发布广告，宣称只要缴纳加盟费，就会安排专业团队为被害人代运营淘宝店铺；店主每月坐在家中就能够轻松赚钱。为吸引被害人上钩，诈骗分子常常冒充异性在网上与被害人聊天，从情感上套牢被害人，以共同创业的理想绑定被害人，诱使被害人购买所谓的各种服务套餐。被害人购买服务套餐后，诈骗分子采用发送虚假销量图表，虚假的优惠促销、假推广、假拍等手段迷惑被害人，诱骗被害人继续购买升级服务套餐。

一、典型案例

【案例1　靠加盟费骗取非法所得4000万元】　胡某在网上看到杭州巴威网络科技有限公司发布的淘宝网店加盟信息，对方以帮助胡某在淘宝网开设网店、提供代理公司产品、信誉提升为名，与胡某签订网店运营服务合同。当胡某交纳28800元后，巴威网络公司便将胡某拉黑。胡某感到受骗，向公安机关报警。为了判明案件性质，根据被害人提供的网店运营合同、汇款凭证等证据，侦查人员网上搜寻"杭州巴威网络科技有限公司"，发现许多网民举报该公司以加盟开淘宝网店为名诈骗钱财。

经侦查，王某良等4人为实施诈骗，注册成立杭州巴威科技网络有限公司。每人出资50000元，王某任公司法定代表人，郑某任监事，设立广告部、销售部、售后部、财务部。公司成立后，王某等人在58同城网上招聘员工，组织员工进行"话术"培训，传授诈骗技巧，逐步形成骨干成员固定、组织严密、公司化运作的诈骗犯罪集团。然后，王某等人通过互联网发布诈骗信息：代开淘宝网店，公司有自己的工厂，有7000多款产品，为当事人提供一手货源，为店铺开展免费宣传推广，承诺合作后店铺将获得丰厚利润，平均每月有4000元至8000元不等的利润。一旦被害人主动联系，犯罪嫌疑人就以支付3680元至28800元的相关服务费用等理由骗取被害人钱财。在向犯罪嫌疑人的公司支付相关费用后，被害人发现自己的淘宝店铺生意并没有起色，犯罪嫌疑人就会向被害人推荐公司更高级别的服务套餐，包括"省级代理""金牌代理""银牌代理""铜牌代理"，谎称更高级别的套餐会给客户店铺带来巨额的收益。

【案例2 1.4亿元开店诈骗案】 江苏省南京市公安局破获一起涉案金额高达1.4亿元的新型网络诈骗案，涉案团伙以"无门槛开店"为诱饵广撒网，继而以辅导开店之名诈骗"辅导费"，甚至还与被害人签合同。警方抽样调查2000多名被害人，仅1人意识到这是诈骗并报警。该团伙以公司化模式运营，下设4个分公司，公司内部又设有推广、销售、教学、运营等部门。涉案团伙先以"无门槛开店"在各网络平台进行推广，吸引被害人在其网站开店，然后再以辅导开店为由，诈骗"辅导费"。"一对一"辅导套餐分白银、黄金、钻石、皇冠等4个等级，价格从4580元至12880元不等。犯罪嫌疑人交代，公司所谓的金牌教师只有初、高中文化，他们向被害人展示的成功案例也是伪造的。被害人在网上开设的店铺最终多以退店、封店收场。此案作案手段隐蔽，各环节环环相扣，涉案团伙甚至还会与被害人签订正式合同。涉案交易流水达1.4亿元，涉及全国各地被害人共计8000多人。①

【案例3 店铺开张当天就接订单】 范某通过社交软件认识一名女性网友。聊天过程中，网友称自己经营淘宝店铺，每月只需交纳一定费用，将店铺交给代运营公司经营，就能轻松收入数万元。一直单身且挣钱心切的范某，不仅对女网友产生好感，对开网店挣钱更感兴趣。在网友的安排下，范某向一名自称深圳某淘宝女装代运营公司的朱老师交纳了初期店铺推广运营费、开店保证金、赔偿金等费用共计3200元。在朱老师的指导下，范某的淘宝店铺成功开张。让范某兴奋的是，店铺开张当天就接到3个订单。满心欢喜的范某向朱老师转账2700元，委托其发货。刚把钱转过去，范某发现3个买家竟然陆续退单。此时，范某已无法联系女网友、朱老师，于是向公安机关报警。

被抓获后，犯罪嫌疑人供认，他们从互联网某网站掌握代运营网店骗取他人服务费的流程后，萌生以此赚钱的想法。之后，在某市区租房，成立"工作室"，雇用同乡，通过冒充女网友吸引男青年落入圈套，然后伪装成代运营公司负责人、买家，对被害人实施诈骗。

二、诈骗套路

一是诈骗分子在微信公众号上发布广告，宣称其公司具有强大的实力，可以为被害人量身定制提供"淘宝代运营"服务。

---

① 《轻信"无门槛开店"8000多人被骗1.4亿元"辅导费"》，载 http://bgimg.ce.cn/xwzx/gnsz/gdxw/202207/17/t20220717_ 37875580. shtml。

二是一旦被害人扫描广告上的二维码，诈骗分子就会冒充指导老师联系被害人，然后向被害人发送聊天记录截图、成功案例付款截图，制造网店生意红火的假象，骗取被害人代理费。

三是诈骗分子向被害人发送付款二维码，要求被害人支付前期小额费用。诈骗分子发送的付款二维码具有随机虚构收款人的功能，使被害人无法查明真正的收款人的身份。

四是为了打消被害人的疑虑，诈骗分子会主动提出与被害人签订一份电子合同，以增加被害人的信任，然后以履行合同的名义要求被害人交齐尾款。

五是收款成功后，诈骗分子教授被害人在互联网上开设淘宝网店的知识。为了使骗局更加逼真，犯罪团伙会安排其技术部美工、客服、数据、等级等人员对被害人的网店进行装修和代运营。

六是当被害人发现并未赚钱，诈骗分子就会劝说被害人购买更高级别的服务套餐。如被害人坚持退款，诈骗分子就会敷衍搪塞或直接推给所谓的公司售后服务中心。犯罪团伙的售后人员继续通过拖延时间，混入被害人组建的微信维权群探听消息，散布消极言论打击被害人维权信心。

三、防范对策

一是不少年轻人梦想一夜暴富，骗子正是抓住一些被害人的心理，打出轻松挣钱的经营模式，以迎合被害人的心理需要，从而骗取钱财。面对诱惑的项目，要理性对待，客观分析其存在的风险；转账汇款时一定要核实确认，自己有无反制措施，不轻易向陌生账户转账、汇款。

二是一旦感觉上当受骗，被害人应当第一时间报警。要在网上揭露犯罪嫌疑人的诈骗方法，以压缩犯罪嫌疑人的作案空间，避免其他民众再上当受骗。

三是网购平台应当加强对代运营公司的管理，严格实行准入制度，完善惩处机制。凡被确认存在欺诈行为的代运营店铺，平台应当冻结其账户，支持商家维权。

"职业"养卡人

"养卡"的流程是职业养卡人先行垫付，将持卡人所欠的款项还上，然后使用POS机套刷持卡人的信用卡，套出的金额还给职业养卡人，职业养卡人再向持卡人收取一定的手续费。职业养卡人养卡的工作是通过帮助持卡人还款，让持卡人的信用卡处于正常还款状态，然后通过刷POS机等虚假消费的方式，从持卡人的信用卡中刷取相应现金。如此操作一圈，持卡人的信用记录正常了，养卡人也收取了手续费。对职业养卡人而言，"养卡"可以暂时获得他人信用卡的使用权。如果养卡人就此消失，持卡人就会遭受损失。养卡人代为还款后，持卡人可以通知银行停用或挂失信用卡，养卡人也会遭受重大损失。"养卡"是一种非法活动，养卡人的行为属于非法套现，而且在这个过程中，无论是养卡人还是持卡人都面临着权益受损的风险。

一、典型案例

【案例1 有猫腻的信用卡】 保险公司营业员高某收到一条信息，一陌生人想要贷款10万元做生意，向其咨询有关贷款事项，双方约定见面详谈。次日晚，二人在市区某餐馆见面。需要贷款的男子自称姓邓，在市区工作，有房产。为证明自己的偿还能力，邓某将储存在手机中的房产证及身份证照片发给高某。邓某称自己有两张信用卡，一张能套现2000元，另一张已透支3.8万元，最后还款日期快到了，急需有人帮他"养卡"。

高某称自己的朋友是职业养卡人，收取的手续费较低，可以为邓某养卡。为了表达自己对高某的信任，邓某将两张信用卡交给高某保管，告诉高某两张信用卡的密码。邓某让高某先从一张卡上套现2000元，再将另一张信用卡还款3.8万元。还款后，高某再将还款及手续费从邓某的信用卡上刷出来。高某让朋友试着从一张信用卡上套现2000元，然后，又让朋友通过手机银行向另一张信用卡上汇款100元。几秒钟后，高某又从POS机取款100元。在确认两张信用卡有效后，高某向第二张信用卡存款1.9万元。存款后，当高某准备将1.9万元从邓某的信用卡上刷出的时候，POS机提示高某插入的是无效卡。此时，高某无法联系到邓某，意识到自己受骗后，高某向公安机关报警。

经侦查，邓某向高某提供的身份信息、房产信息、单位电话都是假的。信用卡的名字显示确实是邓某本人，经调取当晚饭店的视频监控，警方明确了邓某的真实身份及暂住地。后警方将邓某抓捕归案，其同伙何某迫于压力向警方自首。经审讯查明，邓某曾在信贷公司上班，熟悉信贷流程。何某、邓某从一名职业养卡人被骗走几万元的事件中捕捉到"商机"，二人商量以"职业养卡人"为作案目标。每到一地，邓某、何某买来当地的手机卡，通过微信或小广告寻找"职业养卡人"。寻找好目标后，邓某、何某抛出"贷款""养卡"的诱饵，坐等受害人上钩。

受害人高某手中拿着邓某的信用卡，还掌握着密码，邓某是如何诈骗呢？原来，邓某用来诈骗的信用卡都是一主一副两张卡，受害人还款、取款，邓某的手机上都有短信提醒。当有大额款项打到卡上时，邓某迅速通过手机挂失主卡，然后用副卡在POS机刷卡套现。

【案例2　雇来的司机】　小王接到一名自称章先生的来电，要求"养"一张额度2万元的信用卡。小王是一名职业养卡人，经常在网上、论坛推销自己的业务。面对陌生来电，小王并未怀疑，将自己的暂住地告诉了对方。

两人见面后，章先生交给小王一张额度为2万元的光大银行信用卡，称自己欠款1.6万元，需要还款后再套现，服务价格为400元。为验证章先生的信用卡真假，小王通过POS机刷卡100元，POS机显示交易成功。测试安全后，小王通过网银转了16000元到章先生的信用卡。随后，当小王用POS机刷出16400元时，POS机一直提示信用卡的密码错误。

小王立刻拦住还在家中的章先生，要求对方还钱。不料，章先生大呼冤枉，声称自己姓陈，并不是真正的章先生，只是被雇来送东西的快车司机。原来，30岁出头的陈某是一名黑车司机，当天上午，他遇到一名顾客，交给他一张信用卡和写着小王家地址的纸条，让陈某将东西交给小王，信用卡密码就是卡号最后6位，对方支付了陈某300元的费用。显然，雇用陈某的人才是章先生，小王感觉自己被骗后，立即向公安机关报警。

经侦查，章某用光大银行和广发银行两张信用卡行骗，信用卡是其本人所有，两张信用卡已被多次挂失。章某已作案6起，涉案金额达9.6万元。

【案例3　帮人还被骗】　陈先生接到一个陌生男子的电话，询问能否养一张1.8万元的信用卡。谈妥2%的手续费后，双方在银行门口碰面。对方交给陈先生360元的手续费和一张广发银行的信用卡，并把密码也告诉了陈先生。帮助陌生男子还款后，陈先生打算到车上用POS机把钱套取出来，却无法刷卡，对方也不见踪影。陈先生发现自己上当了，立即报警。

经侦查，"陌生男子"陈某等4人被抓获。陈某等人平时好吃懒做而沦为

"卡奴"。2015 年 3 月，几张信用卡到了最后的还款期限，陈某想到一条来钱快的歪路：把信用卡交给"养卡人"还钱，等钱到账后，将信用卡挂失，再等挂失的信用卡重新寄回后，将卡内的现金套现。在犯罪团伙中，周某扮演客户联系"养卡人"，一同去银行还钱。陈某、厉某躲在银行附近，等收到银行还款短信后，立即通过银行客服将叶某的信用卡挂失，周某再伺机逃跑。十天后，新的信用卡就寄到了，四人再将卡内的钱款套现瓜分。

二、诈骗套路

一是诈骗分子与发布广告的"职业养卡人"联系，承诺支付对方手续费，让养卡人代其支付信用卡拖欠的款项。一旦欠款还清，诈骗分子立即通过挂失或开通主副卡等手段快速刷卡套现。

二是此类诈骗作案时间十分短暂，诈骗分子抓住养卡人将款项打入账户未刷出的短暂时间差作案。

三是职业养卡人替他人偿还信用卡欠款，赚取手续费的行为处于灰色交易地带，本身就涉嫌违法，诈骗分子正是抓住了受害人不敢报警的心理，明目张胆地疯狂作案。

三、防范对策

一是在涉及信用卡还款求助时，大家一定要提高警惕，不要为了收取好处费而被诈骗分子利用。

二是对于信用卡持有者来说，不能抱着"拆东墙补西墙"的侥幸心理。如果持有者明知没有还款能力而大量透支，可能构成信用卡诈骗罪。

三是养卡人在存款与取款时必须与信用卡的持卡人同步在场，一旦发现信用卡内的资金无法取出，应当及时将诈骗分子扭送公安机关。

四是媒体要加大宣传力度，向民众揭露此类诈骗的案发原因和诈骗手段，提醒职业养卡在帮助他人"养卡"时一定要小心谨慎。

五是公安机关、网信部门应当加强对网络的管控力度，对相关软件运营商进行合理、正确的引导，从源头把关，加大网络巡查力度，清除职业养卡人的小广告，压缩诈骗分子的作案空间。

数据恢复

一些不法分子针对人们留恋过去美好的事情的心理，在网上发布虚假广告，谎称能够帮助被害人快速恢复聊天记录。一旦被害人联系诈骗分子，诈骗分子就会以定金、加急费、风险费等名义，要求被害人先行汇款。一旦被害人的汇款数额达到诈骗分子的满意度诈骗分子就会将被害人联系方式拉黑。

一、典型案例

【案例1　有去无回的有偿"恢复"】　文女士向辖区派出所报警：自己在清理手机内存时，不小心删除一份重要文件，无奈之下，到网上寻求帮助。经搜索，找到一个标注"有偿恢复微信聊天记录"的网站，按照网站上公布的微信号联系到对方。经讨价还价，文女士向对方转账6000余元。随后，对方将文女士的电话列为黑名单。

【案例2　"破解高手"的连环套】　佳佳是一个重感情的人，一直想寻找两年前与好友的微信聊天记录，便上网救助。一名自称是破解高手的网友联系佳佳，破解高手称只要300元就能帮忙恢复聊天记录，两人互加微信好友。随后，对方要求佳佳先交50元的定金，佳佳向对方的微信转账50元。为了让对方加急办理，佳佳主动将费用提到400元。很快，对方发给佳佳一张截图，截图显示已经将聊天记录提取并打包。佳佳又转了350元给对方后，收到了一个压缩包，压缩包的名称是"聊天记录"。

收到对方发来的压缩包，佳佳却无法打开，佳佳质问对方怎么回事。对方说："为不影响我们的利益，请交纳800元的保证金，为了保证此次交易安全，不能发送诈骗信息或者窃取商业信息等违法行为，请在一个小时后联系我们，我们将保证金退还到你的账户上。"听到800元的保证金可以退还，佳佳就向对方的微信转账800元。接着，"破解高手"再次要求佳佳交纳800元的风险承担费。对方的理由是他们是违法行业，一旦佳佳将对方提供的资料向公安机关举报，他们就会受到法律制裁，对方保证风险费与保证金在一个小时内退还。支付之前，佳佳向对方再三确认："是否为最后一次？你们该不会是连环诈骗吧？"对方一再保证不会欺骗佳佳，对方称现在抓诈骗这么严，他们不可能是骗子，甚至发毒誓"骗子死全家！"

佳佳再次选择了相信对方，向对方支付2000元，但是，压缩包仍然打不开。"破解高手"称佳佳还得再交一笔800元的风险金。虽然怀疑，佳佳还是抱着最后一线希望，又给对方转账800元。当佳佳贴出最后一笔转账记录的截图时，"破解高手"回了一句话："美女，我想和你说件事。"佳佳觉得有些不妙："你是骗子吧？"没想到对方爽快地承认："对，我是骗子！网络上说自己能破解密码或聊天记录的，都是忽悠人的，你不要再去找了，不然会被骗更多的，切记！"对方说了一句"对不起，真的很对不起"，随即将佳佳的联系方式拉黑。

【案例3 数据恢复软件存陷阱】 贺先生不小心删除了一位重要客户的聊天记录，里面有多个重要文件和数据。情急之下，他在网上找到了一名数据恢复"专业人士"，并添加了对方的QQ。这位"专业人士"了解情况后，向贺先生表示数据百分之百可以恢复，不过要先缴纳300元软件应用费以及100元押金。贺先生二话不说就将钱转了过去，对方也发来了恢复软件。但打开一看，竟然要先充值一个5999元的套餐，才能获得授权码。仍抱希望的贺先生再次转账给对方，可谁知对方说，还需要再缴纳一笔12000元的风险保障金，并表示这是缴纳至银行的，不会有任何问题。贺先生将信将疑，还是选择相信了对方，将钱再次汇了过去，可这次转账等来的却是被拉黑。此时，贺先生才明白自己被骗了。[①]

二、诈骗套路

一是诈骗分子通常是团伙作案，内部分工明确。主犯雇人制作虚假诈骗网站或在网络发帖、申请QQ号、购买银行卡和手机卡，然后安排手下人扮演客服、技术专家，引诱被害人上钩。

二是诈骗分子在网上发布可以帮助他人找回各类账号、电脑资料、聊天记录的虚假信息，或宣称拥有破解账号密码技术等，吸引网民注意。

三是一旦受害人主动联系诈骗分子并支付所谓"定金"后，诈骗分子发来的"恢复后"的聊天记录或资料，需要密码才能打开。这时，诈骗分子会以解码费等名义要求受害人再次支付费用。

四是受害人如果不支付费用，前面的费用就"打水漂"。如受害人再次付费，诈骗分子会继续以保密费、风险费等名义进行连环诈骗。如果受害人识

---

① 《网上找"专业人士"恢复数据 一男子被骗2万元》，载http://js.news.163.com/22/0615/16/H9TSGHPR04248E8R.html。

破，诈骗分子即将受害人拉黑。

三、防范对策

一是切勿相信网上所谓能恢复手机数据的"黑科技""专业人士"，更不能点击对方发来的网站链接。谨记凡是先小后大，付费不讲在明处，反复索要保证金、风险费、保密费的都是骗子。此外，要有保密意识，不要轻易泄露自己的个人信息。

二是网络监管部门对网页上发布的信息要严格审查，发现诈骗广告要及时清理。

三是公安机关要加强对此类案件的分析研判，从电话号码、账号等信息入手，始终对电信诈骗保持高压态势。

瞄准商家的"POS 机"

随着经济社会的快速发展，使用 POS 机刷卡消费的人群越来越多，不少地方公安机关接到有关 POS 机的诈骗案件。此类犯罪中，诈骗分子以低手续费提供 POS 机为诱饵，诱使商家使用其提供的 POS 机刷卡消费。然后修改商家绑定 POS 机的银行卡号码，从而实现控制被害人 POS 机的目的。为了"放长线，钓大鱼"，被害人刚开始刷卡消费的几笔资金，诈骗分子会转给被害人，一旦被害人的 POS 机上有大额的资金刷入，诈骗分子就会将被害人的资金据为己有，并将被害人的电话列入黑名单。

一、典型案例

【案例1 POS 机帮骗子收款】　林女士在汉口城市广场开了一家服装店，为了适应顾客刷卡消费的要求，林女士决定安装 POS 机。一天，有人上门推销 POS 机，对方称只要提供银行卡号和身份证复印件即可办理，林女士便购买了两台，对方留下了一张签有辛某名字的 900 元收据。此后，顾客在林女士店铺里刷卡买单，货款第二天都能到账。然而，9 月 30 日，林女士发现前一天的营业款没有转到自己的银行卡账户，就打电话联系辛某，辛某解释，由于国庆节放假，货款将于 10 月 8 日到账。10 月 8 日，林女士仍然没有收到货款，再次电话联系辛某，辛某表示 POS 机系统升级，货款 12 日将到账。直至12 日，林女士的货款仍然没有到账，此时，辛某电话已无法接通。

【案例2 网上的 POS 机慎用】　申某经营一家超市，经常有顾客询问能否刷卡消费。为了吸引生意，申某打算在自己的店铺中安装 1 台 POS 机。一次偶然的机会，申某发现网上有人卖 POS 机，价格低廉、即装即用。经联系，申某向对方提供了身份信息和银行卡号。3 天后，对方将 1 台 POS 机邮寄给申某。POS 机安装后，为确认绑定的是否为自己的银行卡，申某几次小额刷卡消费后，对方都通过网银转账给他。几天后，卖家电话告知申某，申某的 POS 机需要刷一次万元以上的大额交易，否则，银行将查封其账号。为了使安装的 POS 机能够继续使用，申某按照对方的要求，通过 POS 机刷卡 19980 元。刷卡后，申某没有收到转账款，也联系不到对方，立即向公安机关报警。

二、诈骗套路

一是不法分子成立空壳公司，以空壳公司的名义申请 POS 机。然后，将绑定自己银行卡的 POS 机推销给商家。

二是诈骗分子以零手续费或者低手续费为诱饵，诱使受害者使用他们提供的 POS 机。刷卡消费后，被害人的钱款就全部进入诈骗分子控制的账户。

三是为了骗取被害人信任，被害人前期小额刷卡款项会正常到账，一旦被害人的 POS 机上有大笔款项刷入，诈骗分子就会直接将其提取，然后关闭电话、微信、QQ 等联系工具。

三、防范对策

一是根据银联的规定，禁止网络买卖 POS 机，凡网络销售 POS 机均为诈骗。POS 机应当通过银行柜面办理，刷卡套现是违法行为，不能指望通过私自安装 POS 机获利。

二是声称 POS 机低于消费、免费送机号，刷盗用激活码是诈骗，应自觉抵制。

三是商家在安装 POS 机时，要绑定自己使用的银行卡，以保证资金安全。

四是公安机关等有关部门应积极开展针对商家的普法活动，以提升商家对此类诈骗的防范意识，维护自身交易安全和资金安全。

"手机定位"技术

诈骗分子利用人们急于通过手机定位的方法找到丢失的手机、寻找潜藏的债务人、走失的家人等心理，在网上发布手机定位业务，留下联系方式，坐等被害人"上钩"。一旦被害人主动联系，诈骗分子就以支付手机定位费、保证金等方式实施诈骗。一旦被害人交付定金，诈骗分子就会给被害人发送一张虚假的百度定位截图，谎称被害人的手机就在附近丢失或者走失的家人就在附近。当被害人来到诈骗分子提供的虚假定位点时，诈骗分子又要求被害人交纳尾款，才能提供最终的准确定位。

一、典型案例

【案例1 搜来的骗子】 刘女士乘坐出租车出行。下车时，将手机遗落在出租车上，刘女士马上用朋友的电话拨打手机，刘女士的手机响了几声后被挂断，再次拨打时，刘女士的手机已关机。为了找回手机，刘女士在搜索引擎中输入"苹果手机掉了怎么办"。随后，刘女士点开1个自称"专业找回手机团队"的网站，通过网站公布的QQ，刘女士联系到客服。客服给刘女士发来营业执照，声称付费1400元就可以成功定位。为了表示自己的诚意，客服声称刘女士只需预付300元，就可以告诉其手机位置，找到手机后再支付余款。刘女士向对方提供的账号汇款300元后，客服立即向刘女士提供一张网络地图，客服称刘女士的手机正在石桥铺的一家网吧内。刘女士咨询对方到了网吧门口，怎么确认人。对方称只要再付600元，通过木马激活手机响铃，手机就可以找到，刘女士又向对方转账600元。

当刘女士到达所说的网吧时，对方却以系统即将关闭为由，让刘女士将剩余500元汇出。虽然有所警觉，刘女士还是向对方汇款500元。对方收到钱后，又以手机关机需要用其他技术手段，要求刘女士再转账600元。当刘女士在QQ上质问客服时，对方立即将刘女士的联系方式拉黑。

【案例2 "手机定位"连环骗】 为找到债务人，小李上网搜索发现一个名为"听风者"的网友，发帖称可以提供"手机定位"服务。向对方支付1000元的会员费后，小李拿到一个网址和登录账号、密码等。对方称只要进入这个网站，里面就有教学，一看就会。小李登录后，发现打不开网页，对方又要求小李汇款2000元的"功能费"。接下来，对方要求小李交纳5000元的"保密费"后，小李还是无法登录网页，直至对方将小李的联系方式拉黑，小李立即向公安机关报警。根据现已掌握的线索，侦查人员立即对同安区祥平街道某小区一带展开秘密摸排，很快锁定一名安溪籍男子。经数小时蹲点，侦查人员将犯罪嫌疑人陈某林当场控制，缴获作案工具电脑1台、手机1部，赃款10000余元。

二、诈骗套路

一是由于手机价格较高，加之储存有较多的个人信息，诈骗分子抓住被害人急于找回的心理，故意在网上发布虚假的手机定位广告，坐等被害人"上钩"。

二是诈骗分子先以专家的口吻咨询受害者手机丢失的大概位置，交谈中故意讲一些大多数人听不懂的高科技内容迷惑受害者，让受害者相信其确实有能力追踪到手机。

三是获取被害人的信任后，通过受害人提供的手机丢失的大致位置，诈骗分子故意报出一个地点，谎称手机已经被监测到。

四是被害人需要精确定位，必须交纳其他费用。然后诈骗分子再以保密等理由，诱使被害人继续交纳费用。一旦被害人觉醒，诈骗分子就直接将被害人的联系方式拉黑。

三、防范对策

一是不要相信网上所谓的定时定位软件、卫星定位软件、手机窃听卡等信息。同时，公民的个人信息，包括身份信息、住址信息、手机信息、位置信息等，都属于个人隐私，受到法律保护，未经本人同意，非法获取、提供或出售的，可能涉嫌违法犯罪。大家对于网上出售或者宣称可提供他人信息的广告，要提高警惕，以免上当受骗，造成财物损失。

二是公安机关要及时向社会披露诈骗分子的作案手法，提升群众防范意识。一旦手机被盗，大家要尽快登录官方网站或者及时报警，不要轻信网上发布的有关信息。

三是网监部门及搜索引擎要做好网络巡查工作，加强对网络上不良、虚假信息的监管、清理工作，净化网络环境。电信、移动、联通等通信部门要加强对手机短信的监管，即时拦截诈骗短信。

客服来电

诈骗分子冒充网络平台的客服，主动联系被害人，谎称被害人账户或网上购物的订单发生问题导致银行卡泄露，需要重设密码；或者谎称被害人购买了假冒伪劣产品，需要对被害人进行赔偿，要求被害人提供网上银行账号及密码，伺机窃取被害人钱财。除此之外，诈骗分子还会谎称向被害人赔偿时，多转了款项，要求被害人转回，然后故意要求被害人多次转账，伺机骗取被害人钱财。

一、典型案例

【案例1 注销校园贷诈骗】 杨女士接到了自称"京东客服"的电话，说她的京东金条和白条贷款率过高，可能影响她个人征信，现在可以帮杨女士注销校园贷，但要把额度提现。如果杨女士不操作，证监会监测到这个信息她就违法了。杨女士起初并不相信，但"客服"说再不操作，她的个人账户将陆续关闭。就在此时，杨女士手机上真的收到了工商银行95588发来的短信，提示："您正在注销我行电子银行渠道，请输入短信验证码完成验证。""客服"说收到了短信就是说明你的个人征信出了问题，要求杨女士进行操作。好在公安机关监测到骗子电话后进行了拦截，杨女士接到了96110的反诈电话，派出所民警又立即到现场阻止了杨女士进一步操作。其实，注销手机银行，只要输入任意手机号，该手机号就会接到这条短信，骗子正是利用了这点进行诈骗。

【案例2 网购理赔】 李某接到来自福建的电话，来电者自称是"小红书"客服。客服称李某此前在"小红书"购买的AHC眼霜里含有不合格成分，他们正在进行理赔，客服报出李某的网上订单信息准确且完整。李某是在同学推荐下开始使用"小红书"的，一直在"小红书"上买化妆品。李某没有退货经历，不知道"小红书"退货是何种程序。随后，QQ号为"客服–梦琪"添加李某为好友并发给李某1个退款链接。

客服要求李某打开链接，按照网上要求登录支付宝，填写银行卡账号和密码。在理赔过程中，客服一直与李某通话，语气显得很急迫，让李某感觉供货

— 92 —

商确实发现了产品问题，正忙着给消费者赔钱。客服没有索要李某银行卡的密码，李某认为不会有陷阱。当李某填写完规定的内容时，客服称不小心打了1.1万元到李某的"蚂蚁借呗"上，客服称李某可以把1100元作为手续费，剩余的9900元必须退还给他们。李某打开自己的"蚂蚁借呗"，发现"蚂蚁借呗"中确实多出了1.1万元。此时，客服显得非常焦急，客服声称如果李某不退还多余的款项，失信记录会影响她。

"蚂蚁借呗"是支付宝官方推出的一款借贷产品，用户可以直接在线申请借款，可以快速到账。为了避免自己失信，李某立即用支付宝将9900元转到对方账户上。此时，客服声称只收到4900元，另外5000元发到"招联好期贷"上，让李某留600元作为利息，把4400元再转到对方卡上。对方不断要求李某快速操作，李某感觉自己被对方牵着鼻子走。客服称李某的银行卡里还有3800元，账户要被冻结。如果将银行卡中的转出去，再转回来就可以解冻。随后，客服给李某发来一个二维码，李某扫描二维码后，发现自己银行卡的存款全部被他人转走。从最开始的9900元，第2次4400元，第3次的3800元，李某总共支出18100元。此时，李某突然意识到遇到骗子了。

【案例3 双倍赔偿陷阱】 王女士网购1盒24.9元的麻花，过了几天王女士仍然没有收到麻花。王女士联系义乌的卖家，对方查询后称快递公司弄丢了王女士的快件，将重新补发。一日后一名男子电话联系王女士，自称是快递员，不小心弄丢王女士的快件，担心王女士投诉，愿意双倍赔偿王女士49.8元。

王女士以前有过向快递公司索赔的经历，加上对方能准确说出自己网购的物品和价格，王女士信以为真。王女士要求对方联系卖家，快递男称由于程序复杂，担心王女士举报，自己没有联系卖家，直接对王女士双倍赔偿。除了双倍赔偿，快递男还会送王女士一个保温杯。为了尽快解决赔偿问题，王女士添加了对方提供的微信号，收到对方发送来的二维码。快递男称要通过快递公司财务部后台系统转账，请王女士扫描二维码，输入相关信息。扫描二维码后，王女士进入一个网页，在快递男的提示下，王女士在网页上填写了自己的姓名、网银账号、密码、手机验证码等信息。当王女士填完相关信息后，快递男要求王女士删除之前收到的二维码。正当王女士静等赔偿款到账时，却收到网银账户里的13万元的交易信息。王女士一边在电话里跟对方周旋，要求对方退款，一边前往派出所报案。在王女士报警途中，快递男称由于工作人员操作失误，错扣了王女士的费用，自己又给王女士发来一个二维码，只要王女士按照网页的提示进行操作，就能退还王女士的13万元和网购物品的双倍赔偿。王女士扫描二维码，进入一个付款页面，这次王女士没有再上当。

经侦查，王女士按照骗子的要求操作，泄露了个人信息，导致网银账户里的 13 万元的存款被转走。

【案例4　自动扣款骗局】　杨女士接到"999"开头的来电，对方自称是淘宝客服，客服准确地报出杨女士的姓名、银行卡号等信息。听到对方对自己的信息了解得如此清楚，杨女士对"客服"的身份深信不疑。在确认完杨女士的信息后，客服告诉杨女士，由于工作人员操作失误，误将杨女士认定为淘宝网的批发商，每月会从她的账户上自动划走 500 元，客服称公司已经向杨女士持卡的银行发了传真，明确了杨女士账户的性质。

每月从银行账户中扣除 500 元的费用，不是一笔小数目，杨女士非常着急，询问如何能将自己从批发商名单中删除。客服称银行工作人员很快会联系杨女士，有什么问题可以直接咨询银行，按照银行专业人员的提醒操作即可。不久，就有银行工作人员电话联系杨女士。听完杨女士的述说，银行工作人员表示，这是淘宝网的问题，他们无权过问，杨女士的银行卡每月会被扣除 500 元的费用。杨女士再三解释，希望对方想办法。银行工作人员表示为了避免杨女士的损失，可以给杨女士提供一个银行的公共账号，只要杨女士将银行卡中的现金转到公共账号上，就不会被划走。

为了避免自己的损失，杨女士来到银行的 ATM 上，按照对方的提示，将自己 2 张卡内共计 10396 元转到公共账号上。事后，杨女士觉感到不对劲，要求银行工作人员将钱款返还，对方要求杨女士等消息，一直没有下文。随后，对方电话处于关机状态。

二、诈骗套路

一是诈骗分子通过黑客等手段，非法窃取网店的客户信息，或者向网站的工作人员购买客户信息，从网上购买冒名领用的银行卡，做好诈骗前的准备工作。诈骗分子结伙作案，成员之间分工明确，诈骗分子熟悉网络技术及各类支付、贷款平台的转账流程。

二是诈骗分子冒充客服，谎称被害人购买的产品存在质量问题等，需要向被害人赔偿损失，故意引导被害人多次转账，目的是通过烦琐的转账程序控制被害人的精神状态，然后伺机窃取被害人银行卡内存款。

三是犯罪嫌疑人冒充淘宝网的客服联系被害人，谎称被害人被注册成网站会员，系统将每月扣除被害人的会员费。在控制被害人的心理后，犯罪嫌疑人谎称只要被害人将银行卡内的存款转入"公共账户"，就可以避免损失。

四是一旦被害人将银行卡内的存款转入犯罪嫌疑人控制的"公共账户"，犯罪嫌疑人就会立即将"公共账户"内的存款转移。

三、防范对策

一是不要听到对方报出你的个人信息或购物信息就轻信，这些信息可能是窃取来的。

二是一般来说，网络购物中出现的争议都是通过该网站指定的联络工具磋商解决的。如果诈骗分子使用其他工具联系，或要求私下沟通，就要警惕。

三是"淘宝"退款不需要自己做任何操作，更不要开通"蚂蚁借呗""招联好期待""亲密付""微粒贷""京东白条""360借条"等金融信贷产品。一旦他人要求自己进行以上操作，可以确认对方就是骗子。

四是收到注销账号的短信不代表账号已注销，他人也可输入你的手机号进行注销，但没有本人的验证码注销不会成功。

五是接到快递丢失赔偿的电话，应当首先联系卖家。由卖家确认快递是否丢失，自己也可以上网查询快递是否出现问题。如果快递单号显示处于正常状态，那么来电者一定是骗子。

六是不要轻信网上搜索来的客服电话，一定要通过官方网站等正规途径仔细求证。一旦对方要求自己向其转账和或输入密码，必须十分谨慎。

七是存款只有在自己账户才是安全的，一旦他人要求自己将存款转移到他人控制的"公共账户""安全账户"，绝不能转账汇款。

代办信用卡

诈骗分子设立虚假的担保公司，在网上发布代办信用卡广告，或者向不特定的民众发送代办信用卡的短信。一旦被害人联系诈骗分子，诈骗分子就会以保证金、开卡费等名义骗取被害人钱财。或者诈骗分子要求被害人办理信用卡，必须使用诈骗分子提供的手机号，然后通过预留的手机号变更被害人设定的银行卡密码，从而实现转移被害人银行卡内存款的目的。

一、典型案例

【案例1　开卡激活费都是骗子】　从网上弹出窗口中看到快速申请信用卡的广告后，苏先生按要求填写了个人申请资料。第二天，苏先生接到一名自称是某投资担保有限公司经理的电话，询问苏先生需要办理信用卡的额度，对方告知苏先生只需提供办卡的手机号码、身份证号、收卡地址就可以办理信用卡，但需要交纳300元的资料费。苏先生一听要交费用，就有些迟疑。为了打消苏先生的顾虑，对方自称是正规公司，与银行有合作关系。苏先生被说服后，向对方指定的账户汇款300元。3天后，苏先生收到一张额度为30000元的信用卡。此时，苏先生又接到对方的电话，对方告知苏先生若要开卡，需要交1000元的激活费。苏先生斟酌一番，向对方指定的账号汇款1000元。随后，苏先生又接到一个电话，对方自称是"银行担保科"的工作人员。为了证明苏先生有还款能力，苏先生需交一笔担保费用才能开通此信用卡。信以为真的苏先生，先后5次向对方指定的银行账户汇款。当苏先生意识到上当受骗时，已被骗106500元。

【案例2　非官方渠道办卡被骗】　为了筹集开设烧烤店的资金，刘某杰从网上申请贷款。在填写相关信息后，刘某杰收到某担保公司刘女士的电话，刘女士称办理大额度信用卡很容易，只要交纳一定的手续费即可。一张额度为5万元的信用卡，手续费是1500元。由于手头紧，刘某杰先交了200元，剩下的1300元随后补交。3天后，刘某杰收到一张广发银行的信用卡。收到信用卡后，刘某杰将1300元的尾款转到对方的支付宝账户。2小时后，担保公司主任电话联系刘某杰，要求刘某杰交纳开卡费和担保费5000元。

刘某杰向对方汇款 4500 元后，对方称刘某杰的汇款达不到 5 万元额度的 10%，不能证明刘某杰有还款能力，信用卡无法开通，4500 元暂时被冻结了，必须再交 5000 元，才能开通信用卡解冻之前交的 4500 元。无奈之下，刘某杰只得向朋友借款 5000 元汇给对方，不过，信用卡仍然无法开通。对方称激活信用卡需要有"缓存数据"，刘某杰的信用卡中只有 97% 的缓存数据，还差 3% 的缓存数据，只有再交 300 元，缓存数据就满足要求了。至此，刘某杰已经向对方交纳了 10000 多元。随后，对方又以各种理由让刘某杰交钱，刘某杰终于意识自己上当受骗了，向公安机关报警。

【案例 3　收取"担保费"的信用卡】　由于资金周转困难，曾女士准备办理一张大额度信用卡，银行以曾女士退休为由，拒绝其申请。碰壁后，曾女士想到网上申请信用卡。经网上搜索，曾女士找到一家自称"零手续、高额度"的信用卡代办网站。按照页面提示，曾女士拨打了业务经理的电话。经短暂交流后，曾女士决定申请一张额度为 50 万元的信用卡。随后，曾女士向王经理提供了自己的身份证号、联系方式。一周后，王经理电话告知曾女士信用卡已经办好，需要曾女士交纳工本费 2000 元。两天后，曾女士接到自称是邮局工作人员的电话。对方告诉曾女士，信用卡已经转到邮局。由于信用卡属于信贷服务，邮局作为第三方要承担一定风险，曾女士必须交纳 3000 元的担保费才能派送。急于用钱的曾女士，向邮局工作人员指定的账户汇款 3000 元。

第二天，曾女士收到信用卡，使用时却被告知无法使用。曾女士立即联系王经理，王经理告诉她，必须用一张有存款的银行借记卡绑定新办的信用卡，信用卡才能激活。按照王经理描述的激活流程，曾女士登录了对方提供的网页，根据页面提示输入了自己的银行卡号和密码。几分钟后，曾女士的手机收到多条消费提醒，她的借记卡已经消费 6000 元。曾女士感觉情形不妙，赶紧拨打王经理电话，王经理的电话已处于关机状态。

二、诈骗套路

一是诈骗分子通过网上购买或者雇用他人办理多个银行账户，以便快速转移赃款。

二是诈骗分子大量制造各大银行的假信用卡或收购已经作废信用卡，为实施诈骗做好准备工作。

三是诈骗分子在网站、论坛、QQ 群、微信中发布代办信用卡广告，声称代办的信用卡可以高额透支，手续简、收费低。

四是一旦有人上钩，诈骗分子就会要求受害人提供身份证、银行流水等资料，以获得被害人信任。

五是诈骗分子以收取流程费、保证金、手续费等名义，要求受害人转账汇款。

三、防范对策

一是办理信用卡要通过银行网点柜台、银行官方 App 或微信公众号等正规渠道办理。由于信用卡具有透支消费功能，银行为规避风险，对于申请办卡的用户审核比较严格，对申请人的资产等都有较严格的审核条件，高额度的信用卡更不是想办就能办的。所以，对于网上所谓代办信息切勿相信，更不要随意透露个人信息。

二是由于信用卡具有透支消费功能，银行对于申请办理信用卡用户的审核比较严格，对申请人的资产等都有比较严格的审核条件，银行办理信用卡不会收取任何费用，不存在所谓"开卡费""担保费"的说法，一旦对方要求缴纳费用，便可以确认对方是骗子。

三是有关部门应加强对金融银行业和第三方支付平台的监管，强化内部平台安全，堵住安全漏洞，防止用户数据外泄。

四是公安机关应当联合金融、网络监管机构，全面梳理排查异常银行账户、网银账户、网络 ID，建立完善动态数据库，一旦出现异动，及时向社会公布警情。

五是公安和网络监管部门应加强对网络监管，发现涉及办理信用卡、贷款等虚假广告内容及时封停删除。

热播剧的"全集"诱惑

随着一些热门电视剧的热播，不少粉丝对未播剧情充满期待。网站论坛及微博、微信上的粉丝团极度活跃，刺激着人们对未播出剧集的猜想。诈骗分子利用观众对热播电视剧的期待，谎称自己有热播电视剧的全集资源。当被害人主动联系后，诈骗分子就会给被害人发送隐藏病毒的文件，一旦被害人打开文件，隐藏的木马病毒就会伺机窃取被害人的银行卡号码及密码，然后，快速转移被害人银行卡内的存款。

一、典型案例

【案例 扫码看剧钱没了】 蔡某上网时，在"贴吧"看到有人出售一部热播电视剧的全集，而蔡某对正在热播的电视剧特别着迷，对剧中主人公的最终命运一直充满期待。为了满足自己的好奇心，蔡某立即联系卖家，卖家通过QQ向蔡某发送一组二维码，要求蔡某扫描打开。按照对方的要求，蔡某扫描二维码后，发现自己支付宝的存款被他人4次转移，损失了4000余元人民币。蔡某立即联系卖家，没有想到的是，卖家已将其联系方式拉黑。

无独有偶。电视剧《那年花开月正圆》热播期间，小花被电视剧里百转千回的故事情节深深吸引。每天固定播放两集，已无法满足小花的追剧热情。小花网上查找《那年花开月正圆》的"贴吧"，想了解有无事先透露剧情的信息。"贴吧"中一个号称神通广大的楼主，竟然有《那年花开月正圆》抢先看的资源，还有很多"粉丝"向他买过。小花看到一些在电视台还没有播放的内容，心动了。双方约定，小花向对方支付30元，对方向小花提供全集剧情。当小花扫描"贴吧"提供的二维码后，小花的银行卡立即被扣除了3000元。小花生气地联系楼主，质问为何扣她那么多钱。楼主立即向小花道歉，楼主解释是扣错了，立即将多扣的钱退还小花。但是，小花一直没有等到退款，"贴吧"中的粉丝也不见了，楼主将小花的电话号码拉黑。

确定上当受骗后，小花报了警。经侦查，警方发现犯罪嫌疑人的电话号码是冒用他人身份证办理的，与小花联系的QQ号、微信号，也不是犯罪嫌疑人的。

二、诈骗套路

一是诈骗分子根据电视剧的热度，在网上发布虚假广告，谎称自己有完整的热播电视剧集出售，只收取很少的费用。

二是为了骗取被害人的信任，诈骗分子建立微信群，分别扮演粉丝、群主，在群中发布热播电视剧全集的虚假广告，声称价格便宜，真诚可靠，烘托诈骗氛围。

三是诈骗分子将热播电视剧广告部分压缩打包，故意将木马病毒隐藏在打包的文件中，要求被害人输入姓名、身份证、银行卡等信息，然后，伺机盗取被害人的银行卡号及密码，窃取被害人钱财。

三、防范对策

一是为了保护知识产权，确保电视剧播放的利润，电视台是先于网络播放电视剧的，自称有热播剧全集的大多是骗局。尽可能到正规网站上观看，支持正版，不轻信所谓"免费看全集"的信息，切莫贪图便宜，免费观看电视剧的代价是自己的电脑或手机可能感染木马病毒，自己银行卡的密码可能会被木马病毒盗走，造成不必要的损失。

二是很多网站上有免费下载的热播电视剧，下载热播电视剧时，必须下载指定的播放器才能播放，而指定下载的播放器中常隐藏木马病毒。下载热播的电视剧时，不要轻易点击非官方的链接，不要下载功能不明的软件。为了避免手机或电脑中毒，应当事先安装杀毒软件。

五、利益诈骗

"天上不会掉馅饼"，意外的利益背后可能是陷阱。诈骗是一种智商的博弈，诈骗分子往往以某种利益的承诺为诱惑，如送手机、送加油卡、积分兑换商品、快递丢失全额甚至多倍的赔偿等，诱使被害人进行资金投入。被害人以为投入的资金会获得返还，还能获得某种利益，其实投入的资金才是骗子的目标，至于承诺的利益只是诈骗的话术。由于利益诈骗形式多样，网购人群、炒股人士、创业者、车主、租房客及其他普通人都可能成为被骗的对象。

（一）利益性诈骗的种类

一般来说，诈骗的最基本策略是向人们抛出利益，骗子抛出的利益越大，诱惑性也就越大，人们也就越容易上当受骗。从诈骗分子抛出的利益性质看，可能是正当的，也可能是不正当的。

（二）利益性诈骗的方法

一是诈骗分子在抛出利益时，一般会附带条件，诸如点击诈骗分子发来的链接、要求缴纳个人所得税、保证金等，只要当事人按照诈骗分子提出的条件去操作，就会上当受骗。

二是诈骗分子通常都是结伙作案，相互之间分工明确，诈骗分子大多来自案件多发地区，有老乡或网友关系。

三是诈骗分子作案的环节：（1）通过非法方法获得当事人的信息。（2）随意向不特定人群发送短信或拨打电话，抛出利益，一旦被害人与其联系，就可能上当受骗。（3）一旦骗取被害人的汇款，诈骗分子就会关闭联系方式。

（三）利益性诈骗的防范

一是大家应该依法追求财富，兼顾他人与社会利益，树立"利己利人"的财富理念。

二是暴利之下必有骗局。"一分耕耘，一分收获"才是正常的财富规则，如果"一分耕耘，十分收获或者百分收获"，要么是违法行为，要么是骗局。

因此对诈骗分子抛出的暴利，大家应当保持必要的警惕性。

三是诈骗分子诈骗成功的关键在于事先获得了被害人的信息，在诈骗过程中能够准确地说出被害人的家庭情况等。为了防范诈骗，大家在日常生活中应当有保密意识，不向陌生人员泄露家庭成员的姓名、年龄、工作单位、就读学校、手机等信息，防止被诈骗分子利用。

四是公检法司等具有普法职责的部门，应加强宣传工作，通过"以案释法"等形式，引导民众树立正确的财富观、提高防范意识。

天降大奖

诈骗分子利用有些人期盼一夜暴富的心理，向不特定人群邮寄中奖信件，或发送中奖短信。一旦被害人主动联系，诈骗分子就会以公证费、保证金等名义要求被害人向指定的账号汇款。由于诈骗分子提供的奖金巨大，公证费、保证金与巨额的奖金相比仅是九牛一毛。在被害人缴纳公证费、保证金后，诈骗分子又会以其他理由要求被害人继续支付费用。眼看巨额奖金即将到手，被害人只得按照诈骗分子设定的圈套一步一步向前走。

一、典型案例

【案例1 "百万奖金"】 78岁的张大爷收到一封来自首都北京的挂号信。当他打开信封，刮开中奖区时，中奖100万元的字样让张大爷兴奋不已。信封里是"北京养生堂保健股份有限公司"21周年庆典的宣传彩页，彩页中注明了领奖方法：三天内领奖，速与公证处奖金发放热线联系，本活动已委托北京市丰台区公证处全权代办。落款处有一则声明：凡是中奖客户，须缴纳个人所得税和委托公证费。

张大爷立即拨打彩页上的电话咨询领奖事宜，一位女性工作人员告诉张大爷：在向指定的银行账号汇入1万元的公证费后，就可领取奖金。以1万元的费用，换取100万元的奖金，在张大爷看来非常划算，张大爷立即向对方指定的账号汇款1万元。汇款后，张大爷再次致电对方，对方称张大爷还需交纳3万元的审计费。为了获得巨额资金，张大爷再次向对方的账户汇款3万元。随后，对方工作人员称张大爷的银行卡存款记录从未达到50万元，需要继续存入5万元才能被激活，否则无法转账给张大爷。由于张大爷手中存款有限，最后将此事告诉子女，才知道自己上当受骗。

【案例2 免费药物和30万元"大奖"】 陈某是一名退休教师，喜欢养生保健。一日，陈某收到快递员送来的一个包裹。包裹里面有2瓶"生长因子"的药物和1张抽奖卡片。当晚，陈某接到一个自称是"上海尊然健康养生中心"黄主任的电话。黄主任询问陈某是否收到快递包裹，在得到肯定回答后，黄主任让陈某拿出抽奖卡片，刮去防伪层，检查是否中奖。刮开卡片后，陈某惊喜地发现自己中了二等奖，奖金高达 30 万元。

黄主任对陈某中奖表示祝贺，黄主任告诉陈某，兑奖前需要交纳 1700 元的手续费。陈某表示有点难，黄主任承诺可以帮忙垫付 700 元，陈某必须交纳剩下 1000 元。陈某还是有些疑虑，黄主任表示会再给陈某免费寄来药品。陈某觉得对方比较诚恳，还有药品作担保，就答应了对方的要求。几天后，陈某收到对方寄来的药品，深信不疑的陈某将 1000 元通过快递寄给对方。几天后，黄主任打来电话，要求陈某办理一张中国银行金卡用于兑奖，手续费 30 万元。黄主任强调只需陈某出 1 万元的风险金，剩余 29 万元由他们支付，支付同样通过快递进行。几天后，陈某收到快递寄过来的药品，陈某将 1 万元通过快递寄给对方。

后黄主任电话告知陈某，奖金由他们亲自送过来，但是黄主任一行 6 人的车票、住宿费用需要陈某提前支付。经讨价还价，陈某给对方寄去 3800 元。数次寄钱后，陈某感觉到有些不对劲，对方一直要求自己寄钱，却迟迟不见奖金归来。怀疑上当受骗的陈某再次拨打所谓黄主任的电话，却被提示为空号，陈某立即向公安机关报警。

【案例 3 图片链接背后的陷阱】 2 名男子来到仓山区建新镇洪湾北路的彩票店，声称自己热衷于购买"即时彩"，希望通过微信下注的方式购票。一听是大客户上门，彩票店老板小徐与 2 名男子互加微信。随后，2 名男子向小徐发来一条写有投注号码的图片链接，向小徐转账 900 元作为投注金。小徐按照对方图片上的号码投注，10 分钟后开奖，对方的投注号码并未中奖，小徐通过微信告知对方。然而对方声称之前发送给小徐的图片链接中有 1 投注号中了 9000 元，由于小徐输错号码导致其未中奖，要求小徐赔偿损失。小徐急忙查看先前的聊天记录，发现图片链接中确实有一组号码与中奖号码一样。无奈，小徐赔偿对方 9000 元。

次日上午，对方发来 1 条图片链接，向小徐转账 360 元投注金。此次，小徐提高了警惕性，在微信中保留相关截图。10 分钟后开奖，男子所投注的号码并未中奖。小徐在查看比对聊天记录时，发现图片链接内的一注号码与开奖号码一样。小徐意识到被骗，立即电话报警。接警后，派出所立即展开调查。后民警将余某、朱某抓获。经预审，犯罪嫌疑人交代：他们先通过微信向被害人发送图片链接投注，开奖后，迅速将链接中的下注图片改成中奖号码，然后谎称彩票店老板输错下注号码，要求对方赔偿损失。

【案例 4 电视栏目组的奖金】 李某收到一条短信，短信称李某获得《奔跑吧兄弟》栏目组二等奖，奖品是 18 万元＋笔记本电脑 1 台。李某是一名刚被湖南某大学录取的学生，平时也喜欢看《奔跑吧兄弟》栏目，半信半疑地点击了短信上的链接，并填入了个人信息。随后，"栏目组"的工作人员21次拨打李某电话，要求李某按流程领取奖品。面对对方要求他领奖的迫切心情，李某开始感觉不对劲：开始接到电话的时候，对方还非常客气，声称要将18万元打到李某的银行账户上。在准备转账时，对方要求要先支付5000元定金。

正当李某犹豫不决时，"栏目组"工作人员开始恐吓李某称，不交定金就是违约，栏目组会将李某移交公安和法院处理。随后，李某又接到另一个电话，对方自称是法院的工作人员，还说如果李某违约，就要马上对其执行拘留、罚款，甚至会影响李某读书。李某立即到辖区派出所求救。①

二、诈骗套路

一是诈骗分子冒充知名电视节目栏目组和企业群发诈骗短信，或制作钓鱼网站，谎称受害人获得巨额奖品。一旦被害人抵挡不住巨额奖金的诱惑，主动联系诈骗分子，诈骗分子就会伺机诈骗。诈骗分子内部分工明确，有的专门负责发送快递虚假中奖单，有的扮演公司负责人及公证处工作人员，有的负责取款转账和洗钱，诈骗分子通常是跨区域作案。

二是诈骗分子事先在车站、公交车站台、商业街道散发中奖卡片。一旦受害人拨打卡片上的兑奖电话，诈骗分子便会冒充公证处工作人员，以交纳公正费、转账手续费、个人所得税等为由，诱骗受害人汇款。

三、防范对策

一是一定不要存有"贪图便宜""一夜暴富"的心理。接到中奖信息时，大家应当回想一下自己是否有参加过此类的抽奖活动。如果接到中奖信息或电话，一定要查证信息的真假。在做出相关决定前，必须上网查询是否有相关单位，相关单位的官方网站上有无抽奖活动，网上有无他人对该中奖信息的揭露。

二是子女应当经常向老人普及防骗知识，接到陌生人电话一定要核对身份，不要轻易答应对方要求。子女应当提醒老人注意保护好个人信息，以免被人利用。如果遭遇诈骗，一定要保存好相关证据，立即向公安机关报案。

三是政府相关部门要通过电视、报纸、短信等渠道，揭露犯罪嫌疑人诈骗手段，提高群众防范意识。

---

① 《大一新生"喜中"18万 不领奖还会被拘留？》，载 http：//hn. rednet. cn/c/2017/09/05/4415047. htm。

充话费送手机

诈骗分子冒充知名手机运营商，谎称被害人中奖，只要被害人支付或充值一定金额话费，就可以获得价值不菲的手机。实际上，被害人收到的手机只有200元至300元的价值，话费也很难到账。如果被害人纠缠诈骗分子，诈骗分子还可能设计连环诈骗，继续骗取被害人钱财。

一、典型案例

【案例1　"幸运"客户不幸运】　张先生接到一个电话，对方自称是某品牌手机的营销专员，张先生成为该公司的幸运客户。对方称张先生只需付399元，就可以得到一部市场价格在5000元的智能手机。喜出望外的张先生将自己的邮寄地址及联系方式告诉了对方。几天后，张先生收到一个快递，张先生付钱后拆开包装盒，发现里面有一部廉价的山寨手机。张先生心知上当，立即电话质问对方，可对方早已关机了。一天后，张先生的手机又响了。对方要求张先生支付1998元的手机费，气不打一处来的张先生，对着电话痛骂一阵。张先生以为事情就此结束，哪知道这才是噩梦的开始。不一会儿，张先生的电话又响了。对方威胁张先生称，他们知道张先生的住址，如果张先生不付钱，小心家里人遭到报复。为了避免家里人受到威胁，张先生向对方指定的账号汇款2000元。

对方又来电话，声称张先生必须再次支付1万元，否则，就会有人到张先生家去，张先生立即赶到派出所报警。

【案例2　预存话费赠手机】　秦先生接到一个自称中国移动公司客服的电话，对方声称公司正在进行优惠促销活动，只要用户预存的话费，便可获赠一部手机，预存的话费，会以每月返还50元的方式，分24期返还至客户。看到对方的来电号码，秦先生表示参加活动。次日，一名男子将"中国移动"的业务合同带到秦先生处，秦先生支付给对方1199元，拿到一部手机。几天后，秦先生的手机账户中收到对方首月返还的50元话费。此后，却再无返还话费。秦先生立即联系移动公司核实情况，移动公司工作人员告诉秦先生公司近期并无此项优惠活动。

秦先生的遭遇并非个例，公安机关已接到多起报警。警方根据受害人提供的快递单号等信息锁定了犯罪嫌疑人宋某、王某，并将其抓捕归案。经审讯，犯罪嫌疑人交代：他们冒充中国移动公司三级代理商的名义，招聘十余名员工，通过非法渠道购置网络电话。宋某要求客服人员拨打电话向客户推销业务，再伪造移动公司的业务合同，交由配送员联系客户送手机上门，送给客户的手机是宋某以每部300元的价格批发而来。

二、诈骗套路

一是诈骗分子诈骗的对象主要是微信、QQ、微博等互联网用户，被害人以中青年、在校大学生为主。

二是诈骗分子向不特定人群发送免费送手机的广告，一旦被害人信以为真，主动联系诈骗分子，诈骗分子就会伺机诈骗，以免费送手机需要缴纳税费、邮费为借口，要求被害人以微信转账、充值Q币等方式汇款。

三是一旦被害人发现自己上当受骗，向诈骗分子讨要说法，诈骗分子就会将被害人拉入黑名单，或者设计连环诈骗，继续诈骗被害人。

三、防范对策

一是公安机关要及时揭露诈骗分子的作案手法、诈骗过程、识别诈骗分子的方法，避免民众上当受骗。

二是公安机关要加强对互联网信息监管，重点监测"转发免费送""关注免费送"等信息。公安机关要及时向腾讯、新浪等网络服务商通报情况，防止诈骗分子利用网络社交平台、应用程序从事违法犯罪活动。

三是民众一定要妥善保管个人信息，接到类似电话，要准确记录对方的相关信息资料，及时向公安机关报警。

加 盟 店

  加盟是目前比较流行的经营模式，分店只要向总店交纳一定的费用，总店向分店提供技术、培训和奖励，总店还负责回收产品。诈骗分子利用加盟这一流行的经营模式，在网上发布虚假的优惠加盟信息，一旦被害人主动联系，诈骗分子就会邀请被害人到"总部"参观，故意制造正规企业的假象。"总部"向被害人展示的产品都是优质产品，提供给被害人的产品却是质次价高。为了占有被害人的加盟费，诈骗分子会在合同中设置陷阱条款，无论被害人如何努力，产品的质量总是达不到诈骗分子的要求，诈骗分子永远不会回收被害人的产品。

一、典型案例

  【案例1 加盟后的故事】 一名供货商网上联系罗先生，供货商希望罗先生的网店页面能够展示自己的产品，每天展示费用40元。只需将供货商做好的商品广告挂在网店就能赚钱，罗先生愉快地答应了供货商的要求。随后，供货商发来一个品牌服装的图片压缩包，罗先生用杀毒软件扫描，未发现异常。没想到，供货商的产品信息一发布，罗先生的网店生意立即"爆棚"，一名顾客买下3件商品并付款。看到火爆的生意，罗先生决定向供货商进货。没想到，供货商表示不能帮罗先生发货，除非罗先生支付699元的加盟费。就在和供货商沟通期间，网店又做成几笔生意，买的全是供货商展示的商品。眼见生意如此之好，罗先生按捺不住了，立即向供货商转账699元。更"神奇"的事情随后发生，第二天，罗先生发现展示的产品又卖出12件，罗先生立即联络供货商，要求对方再多发些货。此时，对方表示罗先生的加盟级别低，不能发这么多货，要求他再汇1699元的加盟费。罗先生觉得网店商品的出售有些异常，表示暂不汇款，完成前面几笔生意后再做决定。随后，供货商联络不上，此前做成的几笔生意的顾客纷纷要求撤销、退款，罗先生意识到自己上当了。①

【案例2 货不对版的加盟】 黄先生在网上看到"服装品牌加盟店"信息。该品牌自称是国产品牌，定期在各大电视台广告推广，其网站上展示的服装款式十分新颖。黄先生立即联系对方，对方称不收取任何加盟费，只收3万元的"权益金"，"权益金"在以后铺货过程中会逐步返还。为了掌握供货商的真实情况，黄先生赶往北京某商务楼内的展厅。经实地考察，黄先生发现对方制作的服装精良、价格实惠。回到上海后，黄先生在昌里路上觅得合适店面，开店首期成本约10万元。很快，黄先生收到对方发来的第一批货，与黄先生在北京展示厅内所见的商品完全不同。黄先生急忙与对方沟通，对方要求黄先生再补一笔货款方能调换产品。

为了查明对方底细，黄先生上网仔细搜索该品牌信息，发现不少网友与他有类似遭遇。一名网友曝光，自己交纳2.6万元的费用后与对方签约，前往该公司选货时被带到一个地下仓库，里面全是款式陈旧、布料低劣的衣服，价格却十分昂贵。网友提出中止合作，对方却称2.6万元的加盟费不能退。至此，黄先生发现自己被骗了。

二、诈骗套路

一是诈骗分子的直营店通常选择在黄金地段，在网上投入大量的广告宣传，谎称零利润促销，雇用黄牛排队制造他人竞相加盟的假象引受害人上当。

二是为提升公司的表面形象，诈骗分子一般会将办公场所装饰得富丽堂皇，并在宣传单上印上明星的代言广告。

三是被害人无论是到总部参观，还是到生产车间、样板店实地探访，都会感到对方非常热情。其实，这些样板店、生产线是为加盟者专门设置的。

四是诈骗分子故意规定苛刻的回收产品条件，无论被害人如何努力，都达不到诈骗分子的产品要求，以此达到骗取被害人的加盟费与购买其产品的费用的目的。

三、防范对策

一是实地考察时，要注意参观供货商的工厂。通过企业信息公示平台核实企业相关情况。

二是签订加盟合同前，通过裁判文书网等查询有无诉讼记录，邀请法律专

---

① 《发货前，"供货商"要求先交加盟费》，载 http://jingji.cntv.cn/20120423/104806.shtml。

业人士审查加盟合同，明确对产品质量的解释权，提防合同中的陷阱。

三是签合同的时候，要仔细审查条款，明确规定的产品规格、型号，退货的处理方式，费用承担方，合同条款的解释归属。尽量选择经营时间较长的公司进行合作。

低价出售加油卡

诈骗分子在网上发布出售低价加油卡的虚假广告信息，当有人联系诈骗分子时，诈骗分子称自己手中有低于市场价格的加油卡出售，要求受害人向其汇款转账。受害人向诈骗分子指定的银行卡汇款后，诈骗分子通常会向受害人邮寄数张无效的加油卡，以此欺骗受害人。有的诈骗分子第一次向受害人邮寄真实的低价加油卡，引诱受害人继续向其购买面值更大的加油卡。一旦受害人的钱款到账，诈骗分子就会迅速将钱款据为己有，然后关闭自己的联系方式。

一、典型案例

【案例1　无法使用的加油卡】　王先生接到自称是南京汽车销售服务部工作人员的电话，对方称公司正在进行回馈客户的活动，只要花299元就可以获得1张300元全网点通用的加油卡和1个节油器。为了保证王先生的利益，对方采取货到付款的交易方式，王先生答应了。第二天下午，王先生收到从上海寄来的快递，快递中有1张加油卡和节油器，王先生支付了300元给快递员。后王先生到加油站加油，发现办理的加油卡无法使用。

【案例2　内部加油卡】　有人在网上出售打折的加油卡，郝女士立即联系对方。对方告诉郝女士，出售的加油卡是通过中石油内部人员办理的，比市场价便宜40%，全国通用。只需先支付30%的价款，就会将加油卡邮寄给郝女士，收到加油卡后，郝女士再支付70%的尾款。郝女士听后很动心，花了1200元购买了一张2000元面值的加油卡。1天后，一名邮递员电话联系郝女士，称郝女士购买的油卡在其手中，郝女士必须付清尾款。为了获得加油卡，郝女士向对方支付840元。3天后，郝女士收到了加油卡，经实地验证，加油卡可以正常使用。郝女士立即将此好消息告诉亲戚白某某，随后郝女士帮白某某支付1440元购买加油卡。一日后郝女士接到邮递员的电话，对方称郝女士购买的油卡已经在其手中，郝女士必须付清3360元的尾款。由于此前已交易成功，郝女士毫无防备地向对方指定的账户汇款。汇款后，郝女士始终没有收到加油卡，对方电话也无人接听。

二、诈骗套路

一是诈骗分子通过不法手段获取车主的信息，然后联系被害人，谎称为了回馈新老客户，可以为车主办理低价的加油卡。诈骗分子利用非法手段，伪造加油卡，为实施诈骗做好准备工作。

二是为了消除被害人的警戒心理，诈骗分子一般以货到付款的方式引诱被害人。在被害人看来，货到付款自己便不会有损失，实际上这只是诈骗分子诈骗前的铺垫环节。

三是从外观上看，诈骗分子伪造的加油卡与真实的加油卡并无差异，或者就是无余额的真正加油卡，如果不去正规加油站的机器上验证，仅凭肉眼无法分辨出真假，诈骗分子正是利用被害人加油前的时间差骗取钱款。

三、防范对策

一是石油企业应当在各个网点张贴宣传海报，揭露此类犯罪的特点、手法，提醒民众不要轻易上当受骗。

二是邮政管理部门要加强对快递实名制的检查监督，确保寄件人的姓名、地址、联系方式等信息真实可溯，从源头上遏制诈骗案件的发生。

三是中石油、中石化应在官方网站公布加油卡的折扣，出售加油卡的地点、加油卡的编号，凡是不在公布范围内出售加油卡的网点都可能是诈骗。

炒股、炒期货

为了使资产增值，不少人将手中的资金投入股市或房地产行业，而股市波动大，一般人很难把握股市的涨跌规律。诈骗分子利用民众投资赚钱的急迫心理，谎称自己有股票交易的内部信息，只要被害人提供一定的费用，就可以提供股票交易的内部信息，保证民众只赚不赔。或者诈骗分子谎称自己发明了炒股神器，是专业的炒股大师，只要民众使用炒股神器按照炒股大师的指点购进、卖出股票，一定能够获利，前提是向"大师"交纳一定费用。

一、典型案例

【案例1 跟着网友"炒股"上当】 夏先生通过微信"附近的人"结识一名网友。网友向夏先生推荐一种即开型"新3D"股票，网友还经常向夏先生发送一些玩股票盈利的截图。看到有利可图，夏先生根据网友提供的网址，注册购买股票的账号，先后向账户里充值3000元，用来购买"新3D"股票。前三天，夏先生幸运中奖，获利600元。不久，网友向夏先生介绍自己的表哥，表哥是股票网站的管理员，可以带领夏先生购买股票，中奖获利后五五分成。既然网站后台有人，夏先生兴奋地按照表哥的指点购买股票。数天里，夏先生从表哥处获取几组预测中奖号码，按照表哥的指点投注，赢了900余元。更惊喜的是，夏先生赢取的彩金能够顺利地从网站提现到银行卡里。经过一番摸索，夏先生觉得赢率挺高，又向注册的炒股账号充值1.6万元。

一天，表哥向夏先生透露了一期必中计划，需要投注199倍。夏先生同意了本次投注计划，又觉得风险太大，只投注了20倍。后来，这组号码果然中奖。由于未按照投注计划购买，夏先生需要承担团队3700余元的损失，夏先生赔偿表哥1970元。表哥称还有一期必中计划，如果夏先生不购买，账户就会被冻结，夏先生表示这次不想购买。随后，夏先生账户被冻结，17755.29元无法提现。表哥称夏先生只有将上次1800元的赔偿款汇过来，账户就会自动解冻。此时，夏先生意识到被骗，立即向派出所报案。

【案例2 香港期货公司】 梁先生在网上发现"点之乐"的理财投资公众号，公众号的注册者是一家名为"香港欧盛期货服务有限公司"的理财投资企业，可以操作比特币、欧元、美元和英镑等期货交易。该公司的1名业务员主动加梁先生为好友，指导梁先生进行比特币等期货买卖。一开始，梁先生只是进行300元、500元的小额投资。让梁先生开心的是，每次回报率都在70%左右。在暴利面前，梁先生加大了投资的额度。然后，投资大了，反而没有回报。后梁先生亏损6.8万元，梁先生感觉自己受骗，便向上虞市公安机关报警。

经侦查，这家期货交易企业实际地址在郑州市。消费者投资的款项都进了郑州的一家公司，再从这家公司汇至多个账户。该公司租用郑州市一幢高档商务楼的22楼。团伙成员众多，组织性强。梁先生就是在业务员的指导下，被骗走6.8万元。

【案例3　内幕消息】　陈先生是名老股民，一天，陈先生接到"上海某知名股票咨询公司"业务员电话，声称有内幕消息，可以带着他一起做股票生意。为表示诚意，对方免费向陈先生推荐一支股票，保证每月有35%的盈利。次日，对方推荐的股票果然大涨，业务员再次打来电话，声称只要跟着他们炒股稳赚不赔，建议陈先生交纳1万元，购买一套炒股软件成为会员，陈先生照做了。

几天后，一名自称是公司助理的人告诉陈先生，将推荐知名股票分析师刘某带陈先生操作，助理称跟着刘某就可以跟进"老鼠仓"，前提是需要交纳16999元的入会费。交纳费用后，陈先生升级为"钻石会员"，加入1个客户群。经刘某指点，陈先生确实赚了一笔钱。可好景不长，陈先生投入10万元的股票由大涨变为大落，最后血本无归。陈先生立即联系股票分析师刘某，发现刘某的手机已处于关机状态，陈先生立即向公安机关报警。

经审讯，杨某等人交代，他们对股市一窍不通。公司成立之初是销售炒股软件，后来发现股民对股票走势信息需求强烈，杨某决定以提供"内幕消息"为由，骗取股民钱财。随后，杨某招聘员工，对他们进行简单的股票专业术语培训。按照网上买来的股民电话号码，员工挨个打电话推荐股票。杨某还建立炒股微信群，让员工1人扮演多名获利股民，忽悠被害人。

二、诈骗套路

一是诈骗分子建立假的股票或期货网站，其可以在后台操纵盈亏和决定是否准许提现。

二是诈骗分子通过各种方式联络到被害人，声称掌握内幕消息保证稳赚不赔，引诱被害人不断加大投入。

三是诈骗分子采用"先赢后输"的套路，通常起初会给被害人一些"甜头"，让被害人看到投资的项目不断升值，营造出非常具有"盈利"前景的假象。

四是被害人不断投入后，投资的项目最后或者突然暴跌亏损，或者无法提现，从而被骗。

三、防范对策

一是不能抱着规避风险、只赚不赔的心理，轻信所谓的股票"内幕消息"。在投资股票前，一定要对证券公司网站是否存在、是否真实可靠进行查证，避免将资金投入诈骗分子伪造的股票网站。

二是公安机关与网络监管部门要加大对网络投资平台的监管力度，健全预警分析、风险监测处置预案，平台出现异常数据时要加强跟踪、严密监控，力争把犯罪扼杀在萌芽状态。

三是公安机关要加强与"财付通""支付宝"等第三方支付平台和各大银行的合作，以便案发后能够第一时间锁定诈骗分子的账户信息，快速冻结涉案资金。

四是投资者应当认识到，我国法律禁止传播股票、期货等内幕消息，而且诈骗分子根本也不具有掌握内幕交易信息的可能性。投资有风险，不要相信"稳赚不赔"等不符合市场经济规律的话术。在意识到上当受骗后，受害人应当及时报警以减少或挽回损失。

积分兑换

诈骗分子冒充银行、移动公司的客服，使用短信发射器向不特定人群发送积分兑换短信。一旦被害人点击积分兑换短信中的链接，诈骗分子设计的诈骗链接就会要求被害人填写银行卡号、密码，诈骗分子控制的网站后台会自动保存被害人填写的银行信息，并快速转移被害人银行卡内的存款。

一、典型案例

【案例1 "积分兑换"钓鱼链接】 林某收到95588发来的兑换积分短信："尊敬的工行用户，您的账户积分85351即将逾期清空，请登录兑换网www.95588xgt.cc兑换853元现金，逾期失效【工商银行】。"接到短信的林某信以为真，立即登录网站，输入银行卡号、手机号码等个人信息。随即，林某收到银行卡支出1200元的短信。林某发觉自己被骗，向秦淮警方报警。

【案例2 伪基站发诈骗短信】 在十堰市，警察正在追踪一辆可疑轿车，警方怀疑被追捕的车上可能携带有用于诈骗犯罪的伪基站发射器。5分钟后，交警拦下可疑轿车。在车内副驾驶座后面的脚垫下，警方发现了一台类似电脑主机的设备。此前，十堰市连续发生3起诈骗案件，董女士是第一起案件的报案人。董女士曾收到一条工商银行客服发来的短信，短信内容是："尊敬的工行用户，您的账户累计积分2680分，即将逾期清空，请立即点击如下网址，兑换268元的现金【工商银行】。"按照网站的提示，董女士逐一填写了自己的银行卡号、身份证信息和交易密码。30秒后，董女士收到银行客服发来的第二条短信，上面是一组六位数的验证码。原以为这组数字是银行发来核实身份的验证码，董女士按照网站的要求又把这组数字输了进去。30秒后，银行客服发来第三条短信，称董女士消费了5000元。董女士立即赶到银行柜台查询，证实银行没有发送过积分兑换的信息，信息上的链接也不是银行的官方网站。

二、诈骗套路

一是诈骗分子为了逃避打击、降低作案风险，通常采用分工合作模式作案，诈骗团伙内包括诈骗信息推广人员、陷阱网站制作人员、"挖金"人员、洗钱人员等。推广人员负责通过伪基站或网络短信等方式发送垃圾短信，寻找作案对象；网站制作人员负责制作陷阱网站，获取被害人填录的个人信息、账号等数据；"挖金"人员负责根据被害人提供的账号、验证码登录其网银转移资金；洗钱人员负责进行资金层层转移洗白……

二是诈骗分子假冒银行客服发送诈骗短信，短信内容一般会诱导用户登录假冒的官方网站填写信息，这些信息均被骗子获取。由于假冒的银行客服号码与真实的银行客服号码完全一致，很多用户会信以为真，于是点击相关链接登录，钓鱼网站与官方网站界面相似，被害人很容易就输入个人真实信息。

三是在诈骗网站的后台，诈骗分子引导被害人输入银行卡账号、手机号码以及登录密码等信息。被害人一旦输入相关信息即被诈骗分子获取，诈骗分子利用从钓鱼网站获取的账号、密码、验证码转移其资金。

三、防范对策

一是大家在收到银行客服号码发来的短信时，需要联系银行客服确认短信真伪。不可盲目点击短信中的网址，更不可在网页上输入银行账号密码、手机支付验证码等信息。银行、通信运营商等发送积分兑换短信时应通知用户到App 操作，不必附网址。

二是公安机关应当主动联合当地电信，加大对"伪基站"的查处力度。接到短信诈骗报警后，指挥人员可依托电台、微信向巡逻警力发布伪基站警情、查缉布控指令，巡逻人员将诈骗分子证件、照片和随身物品信息传回指挥部门，由专业研判人员查询比对，指挥部门再将比对结果发送到巡逻民警手中，力争现场抓获诈骗分子及其驾乘的车辆。

三是公检法司等具有普法职责的部门应进一步加强宣传工作，提高民众对此类诈骗的防范意识，减少上当受骗的可能性。

网上租房

诈骗分子短期租用他人的房屋后，冒用房主的名义在网上发布低价长期租房信息，骗取被害人的租金。或者诈骗分子非法获得他人的出租房屋信息，伪造他人的房屋产权证明，在网上发布租房信息。在被害人看房前，诈骗分子以看房诚意金、保证金等名义，骗取被害人钱财。

一、典型案例

【案例1　低价租房存陷阱】　据犯罪嫌疑人黄某某交代，一个偶然的机会，自己发现在网络上发布虚假租房信息可以获利。考虑到一线城市，尤其是北京市的外来人口多、房屋租赁的需求量大，黄某某便在网上发布虚假的房屋租赁信息。黄某某的亲戚卿某某等人眼看黄某某获利，也跟着黄某某学起来，他们既单独作案，又互相帮衬。

黄某某等人发布的房屋租赁信息都是从北京市二手房屋租赁网站剽窃而来，只是对门牌号等信息略做改动，房屋室内装修的图片也是从网络下载。为了增强诈骗的真实性，黄某某等人电话咨询二手房屋租赁公司的中介人员，了解租赁房屋所在的地理位置及周边配套设施，以便回应租房人员提问。由于黄某某等人标注的房屋租赁价格远低于北京市场的平均价格，吸引不少租房人。当有人咨询房屋情况时，黄某某等人谎称自己不在北京，十天半月后才能回去，如果对方先交纳部分定金，就可以先撤下网络平台上的房源信息，不再接受他人预订。如果对方直接预付房租，就可以委托朋友将房屋的钥匙交给当事人，当事人可以提前入住。对于交纳过定金、临近约定看房日期的当事人，黄某某等人会编造各种理由推脱。一旦被害人向犯罪嫌疑人交纳定金，或者交纳定金后发现上当受骗向其讨要定金，黄某某等人就将对方的联系方式拉黑。

【案例2　租房定金诈骗】　常小姐与男友租住的房子将要到期，打算另换住所。经过网上反复挑选比对，常小姐发现一套离上班地点较近、装修精美、价格适中的房子，郭小姐立即联系房东。某天常小姐联系房东看房，房东范某称在外地出差，不方便看房。如果常小姐愿意租房，自己回来后可以看房。无奈之下，常小姐只得耐心等待。接下来的几天，常小姐及其男友又看了多处房子，没有一处能比得上之前的那处心仪房屋。常小姐又联系范某，再次询问何时能够看房。此时，范某表示最近要看房的人比较多，如果常小姐诚心租房，可以先交500元的定金，他就不通知别人来看房，10日后，就可以签租房合同。为防止心仪的房子被别人租下，常小姐向范某汇款500元作为定金。

汇款后，常小姐有些担心范某是骗子，让男友假装租房人电话联系范某，询问此处房屋是否正在出租。范某回答这房屋已经被别人定下。此时，常小姐提着的心终于放下。约定当天，常小姐如约来到约定地点，并未见到范某。此时，范某打来电话，非常抱歉地称自己在外地的事情没有办完，一时半会回不来，已委托朋友前来代签租房合同，到时候会当面交给常小姐房屋的钥匙。得知此情况，常小姐并未觉得不妥。常小姐一直等到当天下午2点，终于接到范某朋友的电话。对方称自己老婆担心常小姐等人是骗子，要求常小姐再打2个月的房租过来，除去之前的500元的定金，再汇款2500元，收到钱后便可以放心与其签订租房合同。由于已经等候多时，再加上担心心仪的房子被他人租赁，常小姐向对方汇款2500元。汇款后，常小姐和男友意识到存在问题，于是，两人来到小区物业处查询，发现该房屋的户主根本不姓范。常小姐再次拨打对方的电话，对方已将其联系方式拉黑。①

二、诈骗套路

一是此类案件的诈骗分子大多单独作案，不少人有房屋中介公司从业的经历，熟悉房屋租售业务的流程，私下窃取客户信息或者房源信息，为诈骗做好准备工作。

二是诈骗分子利用租房人希望低价租房的心理，发布低于市场价格的租房信息。

三是诈骗分子先谎称租房，利用房主提供的产权证复印件，将他人的房屋产权证明伪造成自己的房屋产权证明，然后再用伪造的房产证明欺骗其他租房者。

四是诈骗分子冒充房东，将窃取的房源信息发布到网上，并以各种理由要求被害人交纳定金。骗取定金后，又以自己在外地等其他理由要求被害人再付数个月的房租。

---

① 《警惕！有人假冒房东，环环相扣设局诈骗》，载 http://www.sohu.com/a/73079083_ 362073。

三、防范对策

一是公安机关和学校等相关单位要大力普及租赁的相关知识，提示关于租房中可能出现的陷井以及签订租房合同时应当注意的细节，并曝光诈骗手段。

二是当事人在租房前，一定要确认房产证的真实性，必要时可以向有关部门咨询，对于明显低于市场价的出租信息要提高警惕。当事人可以向周边居民或是小区物业、保安咨询该房屋的相关信息，确定是否正在出租等，提高安全防范意识。

三是租屋人应通过正规渠道获取房源信息，要与房主见面并实地查看房屋，在核实房主房屋基本信息的基础上，再交纳租金或资金，确保财产安全。

四是对于无特殊原因大量租房或发布大量租房信息的个体，社区民警要及时了解情况，存在可疑情况时要深入调查。

五是公安机关在出租屋管理过程中，要实时掌控出租人和承租人实际住址、联系方式等信息，从源头遏制此类诈骗案件发生。租赁双方可以选择快捷方便的租房网上备案登记、保护双方权益。

网上出租车辆

诈骗分子从网上选择价格较高的车辆，然后雇用他人以真实的身份证或者伪造身份证租用车辆。在交纳租金后，诈骗分子迅速拆除被害人车辆上的定位跟踪装置，再伪造虚假的债务合同，将车辆抵押到外地。一旦车辆被公安机关查获，诈骗分子就会以虚假的债务相抗衡。由于难以收集到有效的证据，否定诈骗分子债务的真实性存在较大困难，受害人会因此遭受损失。

一、典型案例

【案例1 豪车出租被卖】 黄女士购买1辆奥迪A5敞篷跑车，一直闲置在家，朋友介绍可以将闲置的车辆放到网上出租。黄女士便将价值70多万元的敞篷跑车挂在租车网上，每天的租金100多元。很快，有人联系黄女士。贾某称为了拜见外地的丈母娘，才租用好车，只租用几天时间。由于贾某是常州人，黄女士认为将车辆租给贾某不会有问题。后黄女士将车租给贾某，贾某支付押金和租金1.9万元，租期1周。

后贾某就联系不上。黄女士意识到遇到骗子，立即报警。后黄女士接到派出所民警电话，得知车辆被追回来，黄女士兴奋地到派出所，发现自己的奥迪A5已伤痕累累。经初步修理，已花费3万余元。经警方侦查，贾某将黄女士的车辆以6万元的价格卖给上海从事二手车业务的宗某，宗某又以14.3万元的价格将车辆卖给苏州的黄某。

【案例2 租车诈骗】 由于涉嫌租车诈骗，朱某向北京警方投案自首。朱某反映：由于急需用钱，看到网上"租车20天，让你挣80万元"的广告，十分心动，主动联系对方。对方让朱某带着身份证、驾驶证、银行卡来北京。到达北京后，接待人宋某向朱某介绍挣钱的方法：朱某在网上租车，宋某将车卖给下家，朱某、中介、宋某按3∶1∶6的比例分配赃款。

听到宋某的介绍，朱某感觉对方是诈骗团伙，朱某担心自己实名租车要承担法律责任。宋某称他们已倒卖好几辆车，都向买家提供抵押合同，双方是民间借贷关系，不构成刑事犯罪。在消除朱某顾虑后，宋某用朱某的手机在"友友租车平台"租用1辆别克G8商务车，向朱某在租车平台登记的信用卡账户存入押金，然后宋某要求朱某与租车平台人员、车主见面，办理提车手续。租车成功后，宋某将车辆照片发到微信群中寻找买家。使用同样手段，宋某、朱某在"PP租车平台"租了1辆本田雅阁轿车。

2辆赃车要开到山东卖掉，宋某让朱某先乘高铁到山东，宋某和同伴开车过去。朱某到达山东后，再也联系不到宋某，才知自己上当。朱某用自己的身份登记租车，车辆却被宋某开跑，朱某决定向北京警方自首。在租车公司的配合下，北京丰台警方很快将宋某抓获归案。

二、诈骗套路

一是诈骗分子是团伙作案，内部分工明确，有人专门负责在网上寻找出租汽车的信息，有人专门负责出面租赁汽车，有人专门筹集押金和租金，有人专门负责销赃，有人专门幕后操纵、传授租赁车辆的方法。

二是主犯从网上招募"枪手"，"枪手"到达指定地点后，主犯向"枪手"传授作案方法。

三是主犯提供押金，"枪手"利用其真实身份证件，按正常流程在网络平台上租赁私家车。犯罪团伙有专人检查租用车辆上是否安装GPS装置，一旦发现立即拆除，以避免车主追踪。

四是"枪手""押车人"将车辆开至主犯指定的交易地点，"收车人"与"枪手"签订虚假欠款和抵押协议，将租赁车辆倒卖给"收车人"，"枪手"收取相应的报酬。

五是"收车人"再找下家签订虚假欠条和抵押协议，再次将诈骗而来的车辆倒卖出去。

三、防范对策

一是汽车租赁行业应当建立黑名单制度，对列入黑名单的人员拒绝租车，门店接待人员要注意核查租车者提供的证件材料。

二是租车平台应当与车主积极协商，对所有出租车辆安装卫星定位系统，出租后实时监控行车轨迹，发现定位系统异常后及时记录，第一时间报案。

三是对于二手车的抵押、质押、交易等各环节，相关行政执法部门应加大市场监管力度，严格审查办理人的真实情况，核实车辆来源及办理人与车主的关系。

四是诈骗分子网上租车诈骗离不开抵押公司的配合，对于明知该车行驶证与抵押人不符，依然接受抵押并支付现金的抵押公司，应依法追究其法律责任。

六、技术诈骗

电信网络诈骗除了需要诈骗分子采用文字、语言等方式进行诈骗外，有的还与一定的技术手段相结合，以增强迷惑性。在这些技术含量较高的诈骗中，诈骗分子往往掌握一定的网络科技知识，增加了普通人辨识诈骗的难度。在技术型诈骗中，即使被害人有一定的防范意识，但由于对骗术及技术手段的不了解也容易中招。

（一）技术类诈骗的种类

一是诈骗分子故意向被害人的手机、电脑等发送隐藏木马病毒的链接，一旦被害人点击链接，木马病毒就会自动窃取被害人手机通讯录、验证码、银行卡信息。

二是诈骗分子以当面转账的方式制造骗局，骗取被害人的信任后伺机骗取被害人的财物。

三是偷换二维码，诈骗分子利用扫码支付的便利条件，购买商品时故意虚假扫码，或者乘人不备用自己的二维码替换商家的二维码。

四是"补卡攻击"，诈骗分子通过技术手段，使被害人手机短时间内无法通话，或者通过谩骂、大量发送垃圾短信的方式，迫使被害人短暂关机，再利用假冒的身份证办理被害人的手机卡。然后，转走被害人账户中的存款。

（二）技术类诈骗的环节

一是诈骗分子为犯罪进行技术准备，如制作假网站、制作假冒的二维码、伪造的付款截图。

二是诈骗分子收集目标人群信息，寻找作案目标。诈骗分子的目标人群既可以是不特定的人群，也可以是特定的目标人群，如商户等。

三是诈骗分子通过发送诈骗短信放置木马链接、替换二维码、出示假的付款截图，诱使被害人点击链接或扫码以获取被害人的身份资料、密码、验证码等信息，或者骗取被害人的信任，让被害人误以为收款完成。

四是诈骗分子或者利用获取的公民信息补办手机卡，登录被害人的网银完成转账，或者直接利用二维码收款。诈骗分子还会以假付款截图骗取财物。

五是诈骗分子互相配合，先向商家支付小额付款，骗取被害人的支付宝图像，然后将自己的支付宝头像换成商家的支付宝头像，再次购买商品时，故意向商家展示替换后的付款头像，以此欺骗商家。

六是诈骗分子利用公民姓名的重名率，经过精准计算，利用概率原理，向被害人发送模糊短信，骗取被害人汇款。

七是诈骗分子伪造被害人的身份证，到移动营业厅补办被害人的手机卡，以遗忘密码、重新申请的方式，拦截银行发送的验证码，修改被害人的银行卡密码，然后窃取被害人银行卡内的资金。

（三）技术诈骗的防范

一是对不明的短信链接不要轻易点击，以防手机或电脑中毒。

二是与陌生人交易时，一定要在自己手机上确认对方当面汇款是否到账，或者通过安装微信或支付宝收款提示器来确认。

三是谨慎保管、使用身份证，在向他人提供身份证复印件时，要在身份证复印件注明用途。

四是他人以客服的名义要求自己提供银行卡号或修改银行卡密码时，不能轻信。

五是通信主管部门应当加强对 App 应用市场的管理，防止各类 App 不当或不必要地获取个人信息及手机权限。

六是电信运营商应当规范补卡流程，认真核实补卡人的真实身份，尤其是通过网络补卡更应加强身份核验，落实实名制。

含有病毒的短信链接

诈骗分子冒充被害人的朋友、领导、老师等，向被害人发送含有病毒的短信链接。一旦被害人点击链接，病毒就会自动窃取被害人手机、电脑中绑定的银行卡号及密码。在窃取被害人银行卡号及密码后，诈骗分子快速转移被害人银行卡内的存款，然后其同伙快速提取、转移银行卡内的存款。

一、典型案例

【案例1 附有链接的车辆违章查询短信】 王某收到农业银行卡中6562元被划走的短信提示。当日16时许，王某向南京公安机关报警。王某称自己的银行卡没有开通网上支付功能，银行卡一直装在自己的钱包内，近期未曾使用。王某反映的一个细节引起民警的注意，王某银行卡中存款被盗前，王某收到1条以170开头的号码发来的短信提示，附有网络链接，提示可以查看车辆违章信息，王某打开链接后未进行操作。

得此消息后，侦查人员立即与犯罪嫌疑人购买手机所在地的辖区派出所联系，函请对方安排警力守候。为了获得更多的证据，侦查人员与犯罪嫌疑人使用的另外7个苏宁易购账户真实所有者联系。经核实，7名受害人分散在河南信阳、陕西渭南、山东烟台、吉林通辽等地，被害人都曾收到附不明链接的短信，点开链接后银行卡内的现金不久被盗。为了抓捕可能再次前往"苏宁易购前进路店"的犯罪嫌疑人，侦查人员立即前往广州守候，成功将前来购买手机的潘某抓获。

【案例2 "这几个人你认识吗"】 在银行办理业务时，李先生发现卡内少了1.4万元。次日下午，另1张卡内的5万多元也不见踪影。李先生的银行卡从未离身，每次存取钱格外小心，不可能泄露密码，李先生立即向荆州公安机关报警。

经侦查，民警发现李先生卡上的6万余元被他人通过快捷交易的方式，购买了黄金、手机等。据李先生回忆，某日李先生收到1条手机短信，内容为"李××，我是鲁××，这几个人你认识吗？"并附有1个链接。鲁××是李先生的朋友，李先生没多想，便点开链接，结果手机上出现一片空白。民警当即对李先生的手机进行勘验，从中提取1个疑似木马程序的病毒，发现1个拦截手机短信、上传通讯录的网易163VIP邮箱号和手机号，2个号码的IP地址都位于广西来宾。

二、诈骗套路

一是犯罪团伙往往有固定的窝点，网购木马病毒，将事先准备好的手机号和邮箱，植入木马病毒，用群发软件向不特定人群发送带有木马病毒的短信链接。

二是为了保证诈骗成功，诈骗分子通过不法手段获得被害人的准确信息，不仅在短信中直呼被害人的姓名，而且短信的发出者也是被害人熟悉的亲友，更具有迷惑性。

三是一旦被害人点击手机中的短信链接，手机后台会自动安装木马病毒程序，手机中所有的历史短信及通讯录、手机号绑定的银行卡信息，甚至身份信息，会上传至预设在木马病毒内的邮箱，被害人手机接收的短信也会被诈骗分子拦截。

四是诈骗分子通过"撞库"的方式，分析和破解手机绑定的银行账户、社交工具等信息。在获得被害人的银行卡密码、银行验证码后，诈骗分子立即修改被害人的银行卡密码，通过网上支付的方式，在网上商城进行消费，将赃款洗白，然后将这些赃物变卖。

五是为了逃避打击，有的诈骗分子通过网络购物、第三方支付平台转账、红包变现、网上消费兑现等方式进行套现，有的通过多个银行卡层层洗钱。

三、防范对策

一是不轻易点击不明链接，以免手机中毒。

二是万一点击短信链接后，出现手机收不到短信、电话等异常情况，应当立即重装手机系统、恢复出厂设置或用杀毒软件查杀病毒。

三是手机中毒后，要立即通知手机通讯录内的朋友避免上当受骗。

四是一旦手机中毒，我们应该停止使用支付宝等带有支付功能的软件，并通过其他终端解除支付宝等软件中银行卡的绑定，也应及时修改银行卡等支付密码。

截图转账

　　人们往往相信自己亲眼看到的东西。诈骗分子利用人们"眼见为实"的心理，与被害人约定以银行转账的形式交易，故意制造被害人收到银行汇款提示的虚假场景，实施诈骗。

一、典型案例

　　【案例1　故意输错密码的支付宝转账】　　小汪将手机放到网上交易平台，不久后，一名姓陆的男子联系小汪。陆某称想了解小汪手机的性能是否完好，两人约定在某地铁口见面。见面后，陆某将小汪的手机检查一番，确认没有问题后，双方约定，以3100元成交。陆某称现金不够，可以通过支付宝转账交易，小汪向陆某提供了自己的银行账户。陆某操作完毕，向小汪展示了转账成功的页面。小汪以为已经转账成功，将手机交给陆某。

　　事后，小汪查询银行卡账户，发现陆某的汇款并没有到账，再次联系陆某时，陆某的电话已无法接通。小汪意识到被骗，向公安机关报警。经过侦查，民警很快将陆某抓获。经审讯，陆某交代转账时，自己故意输错1位银行卡号，这样仍然能显示"申请已提交，等待银行处理"的信息，让小汪误以为转账成功。其实，银行系统因为陆某提供的银行卡号和姓名不匹配，会将陆某的转账钱款退回到陆某的支付宝账号。

　　【案例2　面对面的转账截图】　　火车站一位自称是大学生的男青年，以钱包丢失为由，向过往旅客借钱，许诺用支付宝转账还钱。不少旅客纷纷伸出援手，结果发现自己上当受骗。被害人张某回忆，自己借给该青年700元，后者向张某出示一张支付宝截图，以证明转账正在进行。过了一会儿，张某还是没收到对方的汇款，该青年解释火车站信号不好，支付宝还款不能即时到账，让张某2小时后再查收。因着急赶火车，张某就没再等下去。后来，张某多次拨打这名陌生男子电话，却无法接通。直到警方联系她，张某才知道自己遇到了骗子。①

【案例3　QQ上的转账截图】　李女士收到朋友罗某的QQ问候信息。聊天中，罗某告诉李女士，同事兰某向她借钱，她担心借钱给兰某，自己不好意思催其还钱。罗某想请李女士帮忙，自己先把钱转账给李女士，李女士再转账给兰某。如此这般，就可以保证自己的钱不会打水漂，罗某向李女士要了银行账号。很快，罗某用QQ发来一张图片，图片上显示罗某向李女士的账号转账2000元人民币。看到图片后，李女士放心地向罗某提供的账户汇款。之后，李女士查询账户余额，发现罗某根本没有汇款。

二、诈骗套路

一是转账时，诈骗分子故意遗漏被害人银行账号中的1位数字，由于少输入1位数字，银行系统自动审核时会将诈骗分子的转账款退回。

二是诈骗分子在支付截图上做手脚，支付生成的账单上有"等待付款""立即付款"的字样，"等待付款"说明账单并没有付账。诈骗分子故意拉大手机界面，将"等待付款""立即付款"等字样遮住。向被害人出示图示的中间部分，当被害人看到转账金额、自己的账号信息，便以为对方已经转账。

三是诈骗分子向被害人提供虚假的转账截图，以骗取受害者信任。

三、防范对策

一是进行网上转账交易时，不要轻易相信对方提供的转账截图，最好直接登录网银或到ATM查询，以免上当受骗。

二是媒体要及时揭露此类新型电信诈骗犯罪的手段和特点，提醒当面转账中的陷阱及防范技巧。

三是银行要从制度及技术上完善服务措施，对少输或错输账号的，应当立即显示交易失败。

---

① 《出事了！济南惊现新骗局，很多人中招，都上央视了！》，载 http：//www.sohu.com/a/112588121_ 348998。

偷换二维码

扫码支付给人们生活带来便利。诈骗分子利用扫码支付的漏洞，在购物时故意虚假扫码，骗取被害人钱财。或者伺机替换商家的二维码，他人购物时的钱款便会流进诈骗分子控制的账号。另外，还有诈骗分子利用共享单车管理的漏洞，故意将含有木马病毒的二维码贴在共享单车上，一旦被害人扫描二维码，二维码中的病毒就会自动窃取被害人手机中绑定的银行卡信息。

一、典型案例

【案例1 伪造微信头像与昵称】 成华公安分局接到3起报警，报警人都是小超市或者杂货铺的老板，被害人称犯罪嫌疑人以微信支付的方式骗取香烟，价值从几百元到上千元不等。经侦查，警方将2名诈骗犯罪嫌疑人王某、黄某抓捕归案。作案时，王某先去超市购买1瓶矿泉水，选择微信支付的方式，获取商铺老板的微信头像和微信名称后转发给同伙黄某。黄某利用手机软件，登录自己的两个微信号，将其中一个微信头像、微信名改成老板的微信头像、微信名。然后，黄某来到超市，购买2条中华香烟。扫码支付的时，黄某输入购买香烟的金额后，将钱从自己的一个微信号转到换成商店老板头像的自己另一个微信号，然后将带有老板头像的付款界面呈现给老板。

【案例2 换掉二维码】 陈某报警称，其食杂店的收款二维码被人偷换，被骗238.5元。10月31日11时，李某报警称，其在菜市场卖牛肉时，粘贴在摊铺上的二维码被人偷换，被骗2000元。经现场走访和调取监控视频，警方发现2名男子形迹可疑。经视频追踪，警方发现，10月31日凌晨，2名嫌疑男子驾驶1辆白色轿车，出现在菜市场，偷偷地替换掉李某摊铺上的收款二维码。经深入研判摸排，警方锁定两名嫌疑人，并在二人出租房内将其抓捕归案，现场查获微信二维码160余张、涉案手机1部、作案车辆1部。经侦查，10月30日以来，诈骗分子通过偷换二维码的方式实施诈骗11起，案值3000余元。

二、诈骗套路

一是诈骗分子通过二维码生成器，生成二维码图片，植入病毒链接，然后将含有病毒链接的二维码发到微信等网络空间。一旦民众扫描二维码，手机或电脑中的信息就会被窃取。

二是诈骗分子事先将自己的或自己能控制的他人收款码打印出来，选择接受扫码支付的沿街商铺或晚上不取下收款码的菜场摊位等，偷偷将收款码进行替换。

三是诈骗分子事先通过扫描商家二维码或直接拍摄获取商家头像，然后将自己的另一个账号头像换成商家的，付款时实际是付给诈骗分子自己，但显示的头像是商家的。

三、防范对策

一是接受扫码支付的商家应当及时查看转账结果，确认收费成功且金额正确后，再同意消费者离开。

二是在使用二维码收款时，应当尽量将二维码张贴于室内，防止被他人更换。

三是我们大家在扫描二维码前，应确认其来源可信。对网站上发布的不知来源的二维码应当有足够的警惕性。

补卡诈骗

诈骗分子使用伪造的被害人身份证，重新补办与被害人同号码的手机卡，致使被害人手机无法通话。或者故意谩骂被害人，迫使被害人短暂关机。然后诈骗分子利用补办的被害人手机卡，获取银行系统发送的验证码，修改与被害人手机号绑定的银行卡账号密码，进而转移被害人银行卡内的存款。

一、典型案例

【案例1 手机卡被补办】 周先生接到朋友电话，称其手机无法接通。周先生觉得可能是手机卡出了问题，立即到电信营业厅咨询。经上网查询，工作人员发现周先生的手机卡已被他人申请补办。为了避免更大损失，周先生立即将手机卡补办回来，当新卡装入手机后，周先生收到银行客服发送的短信，提示周先生申请了2笔总计8万元的贷款，周先生赶紧报警求助。经调查，民警发现周先生银行卡内8万元已被人转走。犯罪嫌疑人利用伪造的身份证补办周先生的手机卡，身份证上除了照片不同外，其他信息都是周先生的。

【案例2 骚扰电话声东击西】 段女士的手机不停地接到骚扰电话上百个，拨通即挂断。后来她又接到一个电话，对方称段女士中奖得了一个电饭煲，段女士觉得是骗子，便没再理会。在这期间，段女士收到短信提醒，有陌生人登录了她的手机营业厅。后来段女士的手机忽然失去信号，拨通后无人接听，向营业厅确认得知，她的手机卡被进行了补换卡操作，她手中的卡已经作废。段女士本人在银行上班，对电信诈骗有一定了解。她觉得自己中招了，随后发现支付宝、电商平台、工行卡内的钱被人通过银联或者跨行汇款的方式转走，共计21700元。而她的银行卡、身份证、手机一直都在身边，没有丢失。多次询问客服后，她发现自己的手机是在大兴区亦庄营业厅被人进行了补换卡操作。事情发生后，段女士立刻报警。

二、诈骗套路

一是诈骗分子从网上加入各大"卖料"和银行卡的灰产QQ群，向群中人员学习作案技巧，在群中寻找合适的作案同伙。

二是诈骗分子通过黑客窃取网民的身份证号、手机号、邮箱、QQ、银行卡、第三方支付平台等处的账号及密码。利用搜集到的个人身份信息，制作假冒的他人身份证，用以冒名挂失补办手机卡。

三是诈骗分子利用复制的被害人手机号码，向支付宝等三方支付平台申请修改密码，从而实现对被害人支付宝等支付平台的控制。诈骗分子利用身份证、银行卡等资料，编造其他配套的虚假资料，办理小额贷款。

四是为了避免公安机关冻结涉案账户的资金，诈骗分子通常将赃款通过非法购买的银行卡进行层层转账，以掩护隐瞒犯罪所得，最后再将赃款转入自己名下的银行卡。

三、防范对策

一是要保管好自己的手机服务密码，尽量不要将密码设置得过于简单，防止未经授权的手机业务办理。不同的银行账号最好设置不同的密码，银行密码、网银密码，切勿与邮箱、QQ 密码相同。上网时不要轻易登录一些自动弹出的网站，注册相关网络账户时，不要使用和 QQ、网银等账户相同的密码。

二是尽量不要在支付宝、微信账户存入大量资金，防止给自己造成重大损失。一旦发现手机无法通话，应当立即联系第三方支付平台，请求临时冻结自己的账户。

三是金融部门要加强审核力度，特别是在当事人申请贷款时，一定要确认人证一致，必要时，办理贷款的银行可联系当事人的单位，以确认当事人的身份。

四是要加强补卡审核，确保人证一致，谨防漏洞。

七、恐吓诈骗

诈骗分子为了非法占有被害人的财物，往往冒充司法机关工作人员等，利用被害人的恐惧等心理，对当事人恐吓威胁，逼迫被害人交出财产。学生家长、留学人员等不了解司法机关办案程序的人员都可能成为被骗对象。

（一）恐吓型诈骗的方法

恐吓型诈骗的核心是诈骗分子对被害人实施恐吓、威胁，使被害人产生恐惧心理，迫使被害人交出钱财。

一是伪装成"黑恶团伙""仇家""债主"等角色，谎称当事人的亲属被绑架，勒令当事人向指定的账号汇款，否则撕票。

二是冒充政法机关的工作人员，以当事人邮寄的包裹藏有违禁物品，涉嫌贩毒、洗钱、社保卡透支等名义，通过向被害人送达所谓传票、逮捕令等手段，使被害人产生恐惧心理，要求被害人向其指定的账号转账。

三是假借医疗机构、学校之名，以当事人亲友生命垂危，正在抢救为由，利用当事人关心亲友的心理，骗取当事人汇款。

四是故意在网上发帖，诽谤当事人名誉，影响当事人的商业信誉，逼迫当事人向其指定的账号汇款，以换取删帖。

（二）恐吓型诈骗的防范

一是要注重对个人及家庭成员信息的保管，不轻易向他人泄露个人及家庭成员的信息，防止被不法分子利用。

二是在接到恐吓类诈骗电话时，要保持镇静，做到"不轻信、不透露、不转账"，及时寻求警方帮助，或与家人或朋友商量，不要因一时紧张而中了骗子的圈套。

三是接到亲友被绑架类的电话时，可试探了解亲友的目前境况，向对方表明被绑架的亲友不接听电话，自己坚决不汇款。若是对方回避让被绑架的亲友接听电话，也可以用"当面给钱""见人给钱"等方法应对。如果对方一再搪塞、推脱，进行言语威胁、恐吓，极有可能是诈骗。

　　四是法治社会，政法机关也必须依法办事，没有违法乱纪行为，政法机关便无权对任何人采取强制措施，政法机关也不会向任何公民提出转账汇款、交纳保证金等要求，因此对以司法机关名义进行的威胁可以置之不理。

合成的裸照

诈骗分子通过网络收集有一定影响力的男性的头像，通过电脑合成技术，将收集的有一定影响力的男性的头像与美女头像嫁接成裸照。然后通过邮寄或发送电子邮件的方法，将合成的裸照送到当事人手中，再以当事人的名誉、地位相威胁，要求当事人向指定的账号汇款。

一、典型案例

【案例1 PS的裸照】 彭先生收到一封信，信封上仅写彭先生的名字，从邮戳上看，信件来自江西萍乡。打开信封后，彭先生发现里面有一张裸照：一名全身赤裸的女子与一名男子拥抱在床上，这名男人居然是彭先生。照片是灰色调的，好像是针孔摄像机拍出来的。信封里还夹着一封信，写信者自称"市井小民"，由于生活逼迫，自己想将这些资料以及视频交给彭先生，希望彭先生能够给些好处。"市井小民"要求彭先生2天内汇37.7万元到一个湖南长沙的银行账户，否则就将艳照上传互联网，并把照片贴满彭先生的家和单位附近。彭先生平时从不到色情场所，因此立即向公安机关报警。

【案例2 群发"裸照"诈骗】 李某某、张某某、陈某某等犯罪嫌疑人通过PS"不雅视频"来敲诈他人，用邮寄快递的方式，给安徽省、河南省、甘肃省、重庆市等地的政府、企事业单位领导干部寄信，或通过网络搜索相关领导干部手机号码添加微信好友，谎称掌握了他们的个人隐私、不法行为，还附有AI换脸技术合成的"不雅视频"，要求对方汇款买平安。他们寄出数百封信件敲诈的数额达300万余元，共骗取人民币67万元。

二、诈骗套路

一是由于犯罪成本不高、方法简单，无业人员是实施此类诈骗犯罪的主体。

二是诈骗分子从网上收集或购买当事人的资料图像，然后将一些衣着暴露的女性照片与当事人的照片利用PS或AI技术进行合成。

三是诈骗分子将合成的裸照寄给当事人，索要封口费，要求汇款到指定账户。

四是诈骗分子采取漫天撒网的方式邮寄裸照，利用一些官员或商人曾经有过嫖娼的"杯弓蛇影"心理，勒索当事人财物。

三、防范对策

一是相关部门要加强宣传，使大家了解此类诈骗常用的方法、手段以及主要针对的群体与遇到此类事件可以采取的应对措施。

二是大家不要将自己的私密照片、个人信息上传至网络空间，防止被他人不当利用。

三是遇到此类诈骗，要沉着冷静，仔细回忆是否认识照片中的女子，请专业人士辨别照片是否为电脑合成，谨防上当受骗。

被"绑架"的孩子

诈骗分子通过非法手段掌握被害人及其子女的信息，然后谎称被害人子女被绑架，要求被害人向指定的银行账号汇款，并警告被害人不得报警，否则撕票。

一、典型案例

【案例1　"孩子"的呼救】　睿睿妈正在公司上班，接到一个陌生来电。电话中，一名男子恶狠狠地说："叫妈妈!"接着便传来一个小孩子的哭喊："妈妈! 救我!"睿睿妈心里一紧，下意识地叫了声"睿睿!"此时，男子称："你们家的睿睿在我手上，我只求财，识趣的赶紧给我汇1万元，不许报警，否则你将收到睿睿的手脚!"随即挂断电话，并发来1个账户，要求睿睿妈在20分钟内汇款，钱到放人。由于没有找到银行卡，无法给对方汇款，睿睿妈只好联系睿睿爸。睿睿爸比较冷静，让睿睿妈先不要汇款，自己先联系一下孩子的班主任。几分钟后，睿睿爸回电说，睿睿正在学校上课。此时，睿睿妈才知道自己遇到了骗子。

【案例2　儿子被"绑架"】　彭某玉向溧阳市公安局报警: 她接到一个陌生电话，称她儿子邵某河被绑架，要求彭某玉准备10万元把儿子赎回，否则撕票，而邵某河手机一直无法接通。接警后，溧阳市局立即启动绑架案件应急预案，成立专案组展开工作: 第一组成员安抚邵某河父母的情绪，指导其通过电话和犯罪嫌疑人周旋，力争通过通话套出有效线索，为侦查工作争取时间。第二组成员在案发地附近开展调查走访，排摸线索。第三组成员调取案发地附近监控、被害人话单、平台信息等，从中分析研判被绑架人活动轨迹。经对被害人最后消失地点附近旅馆进行清查，民警在一家旅社找到邵某河。后查明，犯罪嫌疑人冒充司法机关工作人员，谎称邵某河的银行卡涉嫌犯罪，要求邵某河配合工作，否则要负法律责任。在取得邵某河的信任后，犯罪嫌疑人套取邵某河相关情况，以邵某河手机被监听为由，要求邵某河关闭手机，重新购买手机卡与其单线联系，并要求邵某河立即入住小旅馆，入住时不能使用自己的身份证登记，没有指令不得外出。犯罪嫌疑人要求邵某河电话录音，录音内容为"我现在没事，要求父母配合"。

二、诈骗套路

一是诈骗分子通常针对涉世不深、社会经验不足、防范意识较弱或家庭条件富足的年轻人父母实施诈骗。

二是诈骗分子租用改号软件，随机拨打电话，一旦有人上钩，诈骗分子就冒充绑匪等，要求被害人向诈骗分子指定的银行账号汇款，或者让被害人的父母赎人。

三、防范对策

一是诈骗分子诈骗成功的重要前提是准确地掌握了被害人信息，从而使被害人的心里产生错误认识。我们要有保护个人信息的意识，不要轻易在微信、微博上公布孩子的照片、学校、家庭住址、年级等。

二是家长们要保存孩子班主任、老师、同学的号码，在孩子无法联系时，第一时间确认孩子的实际情况，以免上当受骗。

三是家长、老师要向孩子普及一些防诈骗的常识，以便孩子在遇到犯罪嫌疑人时，知道如何应对。接到类似电话时，要先核实或报警。

冒充公检法

冒充公检法的电信诈骗一直处于高发态势，被害人趋于年轻化。诈骗分子一方面在电话中采取恐吓以及严厉的审讯态度，给受害人制造心理压力；另一方面不让受害人挂电话，声称要对其他人保密，让受害人没有时间思考骗局的漏洞，也无法跟亲朋好友核实，从而无法走出骗局。

此前，诈骗分子大多冒充司法机关工作人员，以当事人的包裹涉毒，电话卡或银行卡恶意欠费，法院传票及社保卡、医保卡欠费，当事人购买违禁药品等为由，对当事人实施恐吓。随着媒体对此类诈骗分子作案方法的揭露，民众对诈骗分子的作案方法有所了解，此类诈骗分子诈骗的成功率在下降。近期，诈骗分子又以车辆违章、拖欠税款、异地办理贷款和医保卡欠费等名义对受害人实施恐吓，借机骗取被害人财物。

一、典型案例

【案例1 "冻结"社保卡】 老杨家的电话铃突然响了，对方自称是社保中心的工作人员。该工作人员称老杨的医保卡账户出现异常，被人在北京消费，现已冻结，医保卡已无法使用。老杨从来没有去过北京，工作人员称根据以往经验，声称老杨的医保卡信息可能泄露，被他人盗用，需要老杨向北京警方报案，只要北京警方传真一个报案记录过来，医保中心就可以将老杨的医保卡解除冻结，对方还表示可以为老杨转接给北京市公安局报案。电话转接给北京"110指挥中心"后，一位"警官"让老杨提供身份信息，又将电话转接到北京市公安局经侦支队的"刘警官"。"刘警官"耐心地记录老杨的信息，然后通过对讲机让总部核实老杨的信息。其间，"刘警官"自报单位的号码，让老杨通过114核实。经查询，"刘警官"提供的号码是北京市公安局经侦支队。就在"刘警官"向老杨表示已经做好备案记录时，"刘警官"突然接到总部来电，称老杨涉嫌犯罪。

"刘警官"称在查处一个贩毒团伙的窝点时，警方发现多张存折都使用了老杨的名字，警方有足够的理由怀疑老杨参与了毒贩洗钱。听到涉嫌犯罪，老杨极力向"刘警官"证明自己的清白。听到老杨的辩白，"刘警官"的语气缓和了一些，表示自己也想帮老杨，但是，老杨必须拿出更加有利的证据。电话中，老杨听到"刘警官"与同事对话，称检察院已经下发对老杨的批捕通知书。老杨十分焦急，表示无论用什么方法都要证明自己的清白。此时，老杨已经完全陷入对方的骗局。在"刘警官"的忽悠下，老杨的手机一直保持通话，为避免手机的供电不足，老杨还连上充电器。最后，老杨竭尽所有，将5万元的存款汇到对方指定的安全账户上接受调查，整个诈骗过程从上午8点一直持续到了下午5点。事后，老杨称自己想法很简单，就是想证明自己是清白的。

【案例2　银行账户涉及"洗钱"】　长葛市后河镇的胡某接到自称是新乡市公安局民警的电话，对方称胡某的银行账户涉及洗钱，要冻结胡某账户中的所有资金18个月。胡某可以将现有账户上的资金转到银监局下属的账户上。随后，胡某接到自称是银监局工作人员的电话，对方称胡某的银行账号确实涉嫌洗钱。为了确保资金安全，胡某将50万元转到对方提供的建行与工行账户上。汇款操作刚结束，就联系不上对方了，胡某意识到被骗，立即报警。

【案例3　QQ发布"逮捕令"】　刘女士在公司上班时，接到一个自称是"通信管理局"工作人员的电话，对方称刘女士名下的1个手机号码涉嫌发送违法短信，刘女士将被录入通信管理局黑名单。刘女士向对方解释并不知晓此事，对方声称如果刘女士没有发送过违法短信，可以向公安机关报案，并且帮刘女士将电话转接到A区公安分局。

在电话中，A区公安分局的民警声称要给刘女士做一份电话笔录，详细询问了刘女士的个人和家庭情况，对方称会将其反映的情况如实以书面形式交给通信管理局。几天后，刘女士再次接到通信管理局电话，对方称刘女士又有1个电话号码涉案，怀疑刘女士个人信息严重泄露，并告知其信息泄露的案件现归属B区公安分局管辖，对方立即帮助刘女士将电话转接至B区公安分局。B区公安分局的民警称该案涉及国家一级机密，要求刘女士千万不能将此案情节向任何人透露，以防其他涉案人员出逃，办案民警警告刘女士的电话已被监听，要求其购买一台新手机，并办理新的电话号码，然后通过QQ向办案民警报告。

刘女士按照对方要求购买手机、办理新的电话卡后，并告知对方新办理的手机号码。很快，对方通过QQ给刘女士发来"逮捕令"。看到"逮捕令"上确实是自己的身份信息、个人照片后，刘女士懵了，极力向警察表明自己是清白的。在感受到刘女士心里的恐惧后，对方称刘女士能够证明自己的资金来源清白就不会被逮捕。为了证明自己资金来源清白，刘女士同意对方提出的资金核查要求，刘女士将名下的银行卡开户行、存款金额、是否开通网上银行等情况告知了对方。了解到刘女士存款不多后，对方改变诈骗策略，声称此种情况需要由领导来处理。

次日，一名自称胡科长的警官联系刘女士，以检验刘女士信用为由，索要刘女士的银行账号、网银动态密码口令。刘女士安装了对方发来的1个拦截短信的App，然后将动态密码口令告诉对方，导致银行卡内1万元被转走。胡科长又要求刘女士将银行账户交给公安民警操作，存入12万元的责任保证金，才可以证明刘女士的信用良好，才能帮助其优先办理资金核查及销案程序。刘女士称没有12万元的存款，胡科长便指引刘女士以购房名义向亲朋好友借款，胡科长承诺在核查清楚后，将退还此笔资金。方寸大乱的刘女士，按对方指引，向朋友借得12万元存入银行账户。对方得手后，又以检察院不同意撤案为由，要求刘女士继续筹钱作为责任保证金，陆续骗去刘女士60多万元。

【案例4 检察院的"传票"】 公安机关接到某大学教授报警，称被骗1058万元。被害人称她接到检察院办案人员的电话，对方告知她名下的银行卡涉嫌一起148万元的特大诈骗案，"检察官"要求她用传真机接收一份检察院传票。接到传票后，被害人十分紧张，积极配合资金调查，以证明自己的清白。

为了筹集资金，被害人先是将自己及女儿的全部存款约89.3万元汇到自己名下的账户内，又陆续向多名亲戚朋友借款459万元。当被害人将借到的钱款都汇入自己的账号时，"检察官"告知她要积极表现，能拿出更多的钱存入卡里，就能更好地证明自己。"检察官"建议被害人将自己名下的房产变卖，"检察官"还向被害人推荐了一家房产中介公司的联系人。最终，被害人以510万元卖掉自己的房子，将房款汇到自己的银行账户。然后，"检察官"以办案保密为由，要求被害人到酒店开房，接受检察机关的电话调查。由于多个酒店已经客满，"检察官"指引被害人去网吧，找服务员帮忙操作。在"检察官"的指引下，服务员反复操作几次，被害人的账户资金已被转走。随后，"检察官"教会被害人在家中操作网上银行，向"检察官"提供验证码、短信密码。经多次转账，被害人损失了1058万元。

二、诈骗套路

一是诈骗分子通过非法手段获得公民信息，然后以社保中心、银监局、电信客服等单位名义打电话给被害人，声称被害人涉嫌犯罪，并将要求将电话转接到公安局以进行进一步的核实处理。

二是另一波犯罪团伙成员假冒成警察、检察官、法官等，并利用改号软件，将诈骗电话显示为政法机关的固定电话，让受害人去核实这个电话是否是政法机关电话。

三是在被害人核实确为政法机关电话后，为了增加恐吓的效果，诈骗分子会向被害人发送"逮捕书""拘留证""强制性资产冻结通知书""协查通知书"等。文书上印有被害人的名字、身份证号、照片及伪造的政法单位印章，对于从未接触过法律文书的民众来说，具有较强的欺骗性。

四是在控制住被害人的心理后，诈骗分子提出被害人证明自己清白的唯一方法是接受资金调查，被害人必须将自己所有资金转移到对方指定的安全账户内。

五是为了全程控制被害人，防止被害人接触外界，诈骗分子会要求被害人入住宾馆或进入僻静场所，接受保密调查，并要求在调查期间不得与亲友通话。一旦落入诈骗分子的陷阱，被害人往往损失较大。

三、防范对策

一是凡是接到来电显示系境外、自称国家机关工作人员的电话，大家要意识到是诈骗。

二是大家也应该意识到，电话转接通常发生在内部，其他单位是无法帮你直接转公安机关的，除非骗子；政法机关办案不会通过网络向诈骗分子发送逮捕证、拘留证，也没有"逮捕令"的说法；自称公检法单位人员要求通过电话、QQ、微信做笔录的，或通过网络出示"通缉令""警官证"的，都是诈骗；凡是自称公检法人员的电话，提到安全账户、清查资金、转账汇款的，都是诈骗，政法机关更没有所谓的"安全账户"。

三是公检法司等具有普法宣传职能的部门，要不断加强宣传工作，通过以案释法等形式，提高群众对此类诈骗的防范意识。

国际刑警

诈骗分子利用民众对国际刑警的模糊认识，假冒国际刑警，谎称被害人涉嫌犯罪，要求被害人配合调查，然后编造理由要求被害人向诈骗分子控制的银行账号汇款，或者敲诈勒索被害人的父母。

一、典型案例

【案例1　留学生遭遇"国际刑警"】　小荷是在加拿大读书的中国留学生，小荷接到一个自称是快递员的电话，对方称中国上海海关查获一个以小荷名义从温哥华邮寄到上海的包裹，包裹里有5本假护照。小荷称没有邮寄过包裹，快递员称邮寄包裹单上确实写着小荷的身份信息，建议她报警，否则后果会很严重。小荷十分紧张，慌忙询问快递员如何报警，快递员称可以到加拿大渥太华中国国际刑警组织报警。小荷称正在上学无法前往，快递员向小荷提供了一名中国国际刑警"李警官"的电话。小荷立即电话联系"李警官"。通话中，小荷感觉"李警官"十分专业、严肃。"李警官"称现在要通过电话对小荷进行警方审讯，小荷必须到一个没人的地方，审讯期间要录音。"李警官"要求小荷不能挂断电话，不能接听其他来电以及网上通信。

审讯完成后，"李警官"通过电子邮箱发给小荷一张报警回执单，要求小荷在警方调查期间做好保密工作，不许向父母、好友和同学透露，每天早中晚3次向李警官汇报行踪。李警官指导小荷下载了一个通信交流软件，随时接受警方调查并向警方报告行踪。在以后的日子里，小荷按照李警官的要求，每天通过软件报告自己行踪。在一次通话中，李警官称小荷涉及一宗重大罪案，涉案人员有300人，小荷的名字出现在主犯名单里。警方初步指控小荷将护照借给他人造假，收受2万加元的赃款，面临3年以上有期徒刑。小荷十分害怕，请求"李警官"帮助他，"李警官"将电话转接给"姚检察长"。"姚检察长"说小荷的案子缺少证据，但是性质严重，又排在后面，要拖很久才能审理。小荷询问"李警官"能否将她的案件放在前面优先调查处理，"李警官"称自己再求求"姚检察长"。

几天后，"李警官"联系小荷，称自己冒着得罪人的风险，说动"姚检察长"答应现在就审理小荷的案子。"李警官"要求小荷立刻到银行，将自己账户里的存款全部汇到对方指定的账户中，案子审理期间要冻结小荷的所有资产，嘱咐小荷不能让任何人知道此事。如果银行工作人员询问，就以邮寄学费为借口。9月14日，小荷前往银行将自己账户内的17万加元汇出。由于汇款金额巨大，银行工作人员再三询问其汇款用途，已经失去判断力的小荷拒绝了银行工作人员的善意。

【案例2　警察办公背景音】　　小王接到自称是中国驻多伦多总领馆的电子语音电话，告诉她有一个紧急邮件在总领馆。小王将电话转为人工服务，一个自称是总领馆工作人员的人要求小王自报姓名，并告诉小王，那封邮件发自国际刑警，并代小王拆看。使馆人员称，他人使用了小王名下的银行卡，可能涉及个人信息泄露问题，让小王向警方查询。在查询过程中，小王听到电话里不断传来警匪片里常见的各种警察用语、警用电台传呼等背景声。

警察告诉小王，她牵扯到刚刚破获的一宗特大贩毒洗黑钱案件，警方怀疑小王也是贩毒团伙的成员之一，需要小王配合调查。虽然小王一再向警官说明，对洗钱贩毒大案一无所知。警官声称涉案金额太大，警方要限期破案，小王不能向任何人说起此事，否则妨碍调查要负法律责任。警官称如果小王不配合调查，就要冻结她的账户。如果被国际刑警抓获，会被立即带回国。在对方的连番恐吓、安抚加指点下，小王用现金买了新的手机和电话卡，找到一个无法被国际刑警追踪到的住处。当小王说她不知道哪里的酒店可以不用身份证明时，警官表示可以用网络引擎帮助她搜寻落脚地。当小王去到密西沙加市的一家酒店内落脚后，警官还向她保证，会让同事们通知小王的父母，请他们不用担心。此时，小王的父母收到小王被绑架的电话，绑匪要求小王父母交出30万加元的赎金。

二、诈骗套路

一是诈骗分子冒充快递公司的员工或者中国驻外使领馆的工作人员等，谎称被害人涉嫌犯罪，需要联系国际刑警处理。诈骗分子声称可以帮忙联系国际刑警，将国际刑警的联系方式提供给被害人。被害人所联系的国际刑警，其实也是诈骗分子假冒。

二是诈骗分子假冒的国际刑警谎称为了保密，要求被害人不能联系其他亲友。诈骗分子一直与被害人保持通话状态，以便他们对被害人家属进行诈骗。

三是诈骗分子假冒的国际刑警称，为了证明被害人是清白的，被害人必须将银行卡内所有存款转移至对方指定的账户内接受调查。诈骗分子称，如果调查发现被害人没有犯罪，警方会将被害人存款退回。

四是在控制了被害人的心理后,诈骗分子又提出愿意帮助被害人处理,要求被害人拿出一定的财产让其疏通关系。

三、防范对策

一是在海外的中国公民在国内有任何的法律诉讼,相关法律文件都是由中国使领馆邮寄给当事人。凡不是由中国使领馆通知的诉讼信息,都不要轻信。遭遇紧急情况时,可以立即联系使领馆。

二是民众应当牢记凡是电话中声称自己涉嫌犯罪,电话连线做笔录,一定是电信诈骗,真正的警察会通知当事人前往警局接受调查,不会在电话中要求提供账户信息。

三是公检法司等具有普法职责的部门,要加强对此类诈骗的宣传,提高群众的防范意识。

缅甸赌场

中缅边境线长达 2000 多公里，大多没有天然的屏障或地理界线阻隔，边民之间交流密切，跨国人口流动频繁，偷渡现象十分严重。自 20 世纪 90 年代以来，中缅边境境外沿边地区相继出现大量赌场，缅甸赌场多数得到当地军警、政府官员或地方武装势力的暗中支持和保护，在当地的势力很大。近年来，与赌博密切相关的高利贷公司到中国境内拉人头参赌，甚至将被害人骗至缅甸诈赌后直接囚禁勒索。

一、典型案例

【案例 1　免费旅游挖坑】　四川遂宁的张某在网上认识一名云南网友，通过 QQ 联系，云南网友邀请张某到云南免费旅游。到了云南瑞丽后，网友邀请张某乘船游玩，然后将张某带到缅甸的一家赌场，张某被迫欠下 15 万元的赌债。赌场将殴打张某的过程录成视频，发给张某的父母，索要 15 万元。家人报警后，在遂宁、云南、缅甸警方的联合行动下，张某被成功解救。

【案例 2　缅甸赌场索要 30 万元赎金】　怀宁县公安局接到安徽省公安厅指挥中心转来的情报：怀宁县月山镇的张某华被骗到缅甸小勐拉赌场参赌，赌场索要 30 万元赎身，否则就要活埋张某华。张某华在北京一名生意伙伴的怂恿下，偷越边境到缅甸小勐拉赌场，输掉 30 万元，被赌场武装看守人员拘禁在地下室内。

怀宁县公安局成立专门工作组，赶往云南中缅边境。在云南当地警方的支持下，工作组很快查清小勐拉位于缅甸东北部、缅甸掸邦东部第四特区首府，毗邻云南省西双版纳傣族自治州勐海县打洛镇，距打洛镇不到 1 公里，有赌场几十家。缅甸赌场组织严密，有专门人员（蛇头）从中国境内组织人员偷越边境赌博，从中抽头赢利。如果参赌人员输钱，赌场就采取殴打、脱衣、关进水牢、挨饿等肉体折磨，或者以活埋、送到战场当炮灰相威胁，逼迫参赌人员向家中打电话，索要赎金。

【案例 3　去缅甸包来回机票】　陈某打起小额贷款的主意，搜索 QQ 进入 1 个贷款群，1 个叫张某的人加他微信。张某称可以提供无息贷款，邀请陈某前往缅甸。正当陈某犹豫时，对方抛出包来回机票的条件。后陈某前往芒市，由人接机从瑞丽市姐告边境非法出境至缅甸。

在缅甸，陈某没有拿到贷款，却被带进一家赌场。在跟几名中国人玩过几局后，陈某赢了不少钱。随后，几个壮汉将陈某带到一台赌博机前单独玩起来，直到夜晚 11 时，陈某准备将筹码还给赌场时，赌场声称陈某欠了 5 万元钱的筹码。随后，陈某被拖进了一处仓库的地下室，地下室内满是血腥味。除了陈某，地下室还有另外几个人，嘴被封着、身上都是被殴打过的痕迹，地下室的墙上挂满了电棍、钢管、铁钩。陈某被捆绑后，被胶带封住了嘴，赌场殴打陈某时，录制了视频。看到视频的家人十分难受，答应先给赌场凑 1 万元。表妹只向赌场转了 1000 元，赌场就用钢管捶打陈某的头。赌场地下室里有电脑，每个人的身份证都要上报，赌场人员会查询每个人的家庭资产，根据偿还能力要价。①

二、诈骗套路

一是国内诈骗分子与缅甸赌场人员勾连，通过网络或短信发布包赢赌博、高薪招工、低息贷款、免费旅游等虚假信息，以提供免费食宿和往返机票为诱惑，诱骗中国公民到云南瑞丽等中缅边境地区，再偷渡出境，将被害人骗至赌场。

二是当被害人被骗到缅甸赌场后，诈骗分子免费提供赌博筹码，怂恿受害人赌博。此类赌博事先设好陷阱，抛下先赢的诱饵，被害人上当后，诈骗分子再背后操纵赌局，让被害人越赌越输，以致深陷其中。

三是当受害人输到一定金额时，诈骗分子强行劫取被害人的随身钱财，以囚禁虐待等方式，逼迫被害人联系国内亲友求救汇款，甚至将被害人衣服脱光、戴上手铐脚链等，将被害人遭受殴打施暴的照片视频发送给被害人亲友，勒索高额赎金。

三、防范对策

一是加强法治宣传，充分利用电视、报纸、电台、网络等媒体，揭露缅甸赌场的诈骗手段，避免民众上当受骗。

二是边境警方要加强边境地区的治安管理，加大巡逻、设伏、堵卡力度，

---

① 《我活着出来了，还有同胞在里面》，载 http://www.guancha.cn/internation/2017_07_31_420764_1.shtm。

对重点地段、地区严格监控，防止参赌人员非法越境。

三是大家要不断提高防范意识，增强对跨境招聘等信息的甄别能力，避免因上当受骗而遭受不必要的损失。

"天仙局"

"天仙局"号称连神仙都难以识破的骗局，诈骗分子以大额投资或者合作项目为诱饵，诱骗受害者合作。一旦受害人表露出合作意图，诈骗分子便打着境外公司的招牌，前往受害人居住地，与受害人面谈并邀请其一同出境"考察"，一步步引诱受害人上钩。

一、典型案例

【案例1　马来西亚骗局】　邳州某化工企业董事长李某热情地接待一位大人物——马来西亚某知名企业的董事长助理孙某，孙某40多岁，个头不高，气质极佳。临别时，孙某邀请李某到马来西亚公司总部进一步洽谈合作事宜。后李某一行来到马来西亚，在吉隆坡一家酒店里，接见李某的除了孙某，还有该企业老总儿子蔡某、集团董事会主席石某及澳门某赌场老板陈某。

饭桌上，石某和蔡某因为牌技水平孰高孰低一事发生争执，陈某急忙劝架，并提议现场比试。在众人的劝说下，李某加入了牌局，几个人玩起"梭哈"。几局下来，李某的运气很好，赢了60多万元。此时，石某接到电话，称家中有急事，急着赶回家处理，为了不扫兴，再陪大家玩最后一把。这一把牌大家铆足了劲，拼命押注。李某手中拿着一把少见的大牌，感觉自己有把握赢，也跟着下注。底牌揭开后，李某却输了。经过结算，李某输掉1890万元。

回国不久，李某开始联系孙某投资事宜，对方始终处于关机状态。联系那家马来西亚知名企业后，李某发现该企业根本没有孙某、石某等人。李某发现上当后，向公安机关报警。邳州警方介入调查，以孙某为首的诈骗团伙很快落网。据孙某交代，与宋某是狱友，出狱后，二人精心设计出一套"天仙局"，石某、蔡某等人是他们雇请的演员。

【案例2　去泰国考察】　李先生在溧阳经营一家公司，李先生接到1个境外电话，对方自称是印尼某知名集团的投资部经理，想和李某商谈合作事宜。一周后，李先生又接到电话，对方自称是该集团的副总经理朱某，声称合作事项已通过董事会讨论，后续集团还会安排人员前来考察。其后不久朱某来

— 149 —

溧阳考察，其间，李先生发现朱某十分专业，对其身份深信不疑。不久，朱某来电称公司的孟某正在泰国洽谈业务，邀请李先生一起到泰国谈合作事宜。李先生来到泰国后，对方找理由让李先生离开同伴，只身来到另一家酒店。双方生意谈判的进度异常顺利，很快达成投资意向。之后，对方携李先生到一位自称澳门某娱乐场的董事张某处玩"梭哈"，其间，孟某和张某等人以出"老千"的方式使李先生输掉600万元。李先生拿不出钱，对方立刻翻脸，不让其离开。李先生向国内的妻子求救，将600万元转账至对方账户后，才得以脱身回国。

回国后，李先生向公安机关求助。经侦查，3名犯罪嫌疑人早在年初就对溧阳企业信息先行了解，筛出2个成功企业家，然后制定专业的诈骗方案。最后，假扮印尼知名企业的高层，以合作投资为名，将李先生骗至泰国，采用赌博的手段骗取巨款。

二、诈骗套路

一是诈骗分子作案前，从网上收集内地一些企业、事业及地方政府相关单位的信息。用境外电话联系被害人，假冒境外知名企业、集团董事长、总经理，以大额投资或者合作项目为诱饵，诱使被害人与其联系合作事宜。

二是一旦被害人表露出合作意图，诈骗分子便以港澳及东南亚知名公司的名义，前往当事人居住、工作地，使用伪造的证件入住高级宾馆、饭店，与当事人见面，洽谈生意，引诱被害人上当。

三是将被害人被诱骗至境外后，诈骗分子使用各种手段唆使被害人参与玩牌娱乐、赌博，并采用先赢后输手段，致使被害人大量输钱，然后逼迫被害人向骗子指定的账号内汇款。

四是被害人碍于情面参与打牌，发现是骗局后，因人身安全受到威胁，被迫向诈骗分子指定的账号汇款。

三、防范对策

一是"天仙局"诈骗案存在真实性难以识别、涉案价值巨大的特点，企业面临巨额投资、融资项目时，应反复核实、慎重决策。

二是遇到需要境外考察的项目时，企业一定要事先通过有效途径与相关公司取得联系，必要时可向驻当地使领馆求证。如遇不法分子侵害，应及时报警。

三是"天仙局"的核心是将被害人骗至境外，利用陌生环境对被害人施加心理压力，诱使被害人参与赌博，迫使被害人交出钱财。在境外与诈骗分子签订合同时，一定要邀请朋友在场，由自己确定谈判的地点，形成自己的谈判主场。

四是企业管理人员要有防诈骗意识，不参与境外赌博、色情活动，以免上当。

附　　录

中华人民共和国反电信网络诈骗法

目　　录

第一章　总　则

第一条　为了预防、遏制和惩治电信网络诈骗活动，加强反电信网络诈骗工作，保护公民和组织的合法权益，维护社会稳定和国家安全，根据宪法，制定本法。

第二条　本法所称电信网络诈骗，是指以非法占有为目的，利用电信网络技术手段，通过远程、非接触等方式，诈骗公私财物的行为。

第三条　打击治理在中华人民共和国境内实施的电信网络诈骗活动或者中华人民共和国公民在境外实施的电信网络诈骗活动，适用本法。

境外的组织、个人针对中华人民共和国境内实施电信网络诈骗活动的，或者为他人针对境内实施电信网络诈骗活动提供产品、服务等帮助的，依照本法有关规定处理和追究责任。

第四条　反电信网络诈骗工作坚持以人民为中心，统筹发展和安全；坚持系统观念、法治思维，注重源头治理、综合治理；坚持齐抓共管、群防群治，全面落实打防管控各项措施，加强社会宣传教育防范；坚持精准防治，保障正常生产经营活动和群众生活便利。

第五条 反电信网络诈骗工作应当依法进行，维护公民和组织的合法权益。

有关部门和单位、个人应当对在反电信网络诈骗工作过程中知悉的国家秘密、商业秘密和个人隐私、个人信息予以保密。

第六条 国务院建立反电信网络诈骗工作机制，统筹协调打击治理工作。

地方各级人民政府组织领导本行政区域内反电信网络诈骗工作，确定反电信网络诈骗目标任务和工作机制，开展综合治理。

公安机关牵头负责反电信网络诈骗工作，金融、电信、网信、市场监管等有关部门依照职责履行监管主体责任，负责本行业领域反电信网络诈骗工作。

人民法院、人民检察院发挥审判、检察职能作用，依法防范、惩治电信网络诈骗活动。

电信业务经营者、银行业金融机构、非银行支付机构、互联网服务提供者承担风险防控责任，建立反电信网络诈骗内部控制机制和安全责任制度，加强新业务涉诈风险安全评估。

第七条 有关部门、单位在反电信网络诈骗工作中应当密切协作，实现跨行业、跨地域协同配合、快速联动，加强专业队伍建设，有效打击治理电信网络诈骗活动。

第八条 各级人民政府和有关部门应当加强反电信网络诈骗宣传，普及相关法律和知识，提高公众对各类电信网络诈骗方式的防骗意识和识骗能力。

教育行政、市场监管、民政等有关部门和村民委员会、居民委员会，应当结合电信网络诈骗受害群体的分布等特征，加强对老年人、青少年等群体的宣传教育，增强反电信网络诈骗宣传教育的针对性、精准性，开展反电信网络诈骗宣传教育进学校、进企业、进社区、进农村、进家庭等活动。

各单位应当加强内部防范电信网络诈骗工作，对工作人员开展防范电信网络诈骗教育；个人应当加强电信网络诈骗防范意识。单位、个人应当协助、配合有关部门依照本法规定开展反电信网络诈骗工作。

第二章　电信治理

第九条 电信业务经营者应当依法全面落实电话用户真实身份信息登记制度。

基础电信企业和移动通信转售企业应当承担对代理商落实电话用户实名制管理责任，在协议中明确代理商实名制登记的责任和有关违约处置措施。

第十条 办理电话卡不得超出国家有关规定限制的数量。

对经识别存在异常办卡情形的，电信业务经营者有权加强核查或者拒绝办卡。具体识别办法由国务院电信主管部门制定。

国务院电信主管部门组织建立电话用户开卡数量核验机制和风险信息共享机制，并为用户查询名下电话卡信息提供便捷渠道。

第十一条 电信业务经营者对监测识别的涉诈异常电话卡用户应当重新进行实名核验，根据风险等级采取有区别的、相应的核验措施。对未按规定核验或者核验未通过的，电信业务经营者可以限制、暂停有关电话卡功能。

第十二条 电信业务经营者建立物联网卡用户风险评估制度，评估未通过的，不得向其销售物联网卡；严格登记物联网卡用户身份信息；采取有效技术措施限定物联网卡开通功能、使用场景和适用设备。

单位用户从电信业务经营者购买物联网卡再将载有物联网卡的设备销售给其他用户的，应当核验和登记用户身份信息，并将销量、存量及用户实名信息传送给号码归属的电信业务经营者。

电信业务经营者对物联网卡的使用建立监测预警机制。对存在异常使用情形的，应当采取暂停服务、重新核验身份和使用场景或者其他合同约定的处置措施。

第十三条 电信业务经营者应当规范真实主叫号码传送和电信线路出租，对改号电话进行封堵拦截和溯源核查。

电信业务经营者应当严格规范国际通信业务出入口局主叫号码传送，真实、准确向用户提示来电号码所属国家或者地区，对网内和网间虚假主叫、不规范主叫进行识别、拦截。

第十四条 任何单位和个人不得非法制造、买卖、提供或者使用下列设备、软件：

（一）电话卡批量插入设备；

（二）具有改变主叫号码、虚拟拨号、互联网电话违规接入公用电信网络等功能的设备、软件；

（三）批量账号、网络地址自动切换系统，批量接收提供短信验证、语音验证的平台；

（四）其他用于实施电信网络诈骗等违法犯罪的设备、软件。

电信业务经营者、互联网服务提供者应当采取技术措施，及时识别、阻断前款规定的非法设备、软件接入网络，并向公安机关和相关行业主管部门报告。

第三章　金融治理

第十五条　银行业金融机构、非银行支付机构为客户开立银行账户、支付账户及提供支付结算服务，和与客户业务关系存续期间，应当建立客户尽职调查制度，依法识别受益所有人，采取相应风险管理措施，防范银行账户、支付账户等被用于电信网络诈骗活动。

第十六条　开立银行账户、支付账户不得超出国家有关规定限制的数量。

对经识别存在异常开户情形的，银行业金融机构、非银行支付机构有权加强核查或者拒绝开户。

中国人民银行、国务院银行业监督管理机构组织有关清算机构建立跨机构开户数量核验机制和风险信息共享机制，并为客户提供查询名下银行账户、支付账户的便捷渠道。银行业金融机构、非银行支付机构应当按照国家有关规定提供开户情况和有关风险信息。相关信息不得用于反电信网络诈骗以外的其他用途。

第十七条　银行业金融机构、非银行支付机构应当建立开立企业账户异常情形的风险防控机制。金融、电信、市场监管、税务等有关部门建立开立企业账户相关信息共享查询系统，提供联网核查服务。

市场主体登记机关应当依法对企业实名登记履行身份信息核验职责；依照规定对登记事项进行监督检查，对可能存在虚假登记、涉诈异常的企业重点监督检查，依法撤销登记的，依照前款的规定及时共享信息；为银行业金融机构、非银行支付机构进行客户尽职调查和依法识别受益所有人提供便利。

第十八条　银行业金融机构、非银行支付机构应当对银行账户、支付账户及支付结算服务加强监测，建立完善符合电信网络诈骗活动特征的异常账户和可疑交易监测机制。

中国人民银行统筹建立跨银行业金融机构、非银行支付机构的反洗钱统一监测系统，会同国务院公安部门完善与电信网络诈骗犯罪资金流转特点相适应的反洗钱可疑交易报告制度。

对监测识别的异常账户和可疑交易，银行业金融机构、非银行支付机构应当根据风险情况，采取核实交易情况、重新核验身份、延迟支付结算、限制或者中止有关业务等必要的防范措施。

银行业金融机构、非银行支付机构依照第一款规定开展异常账户和可疑交易监测时，可以收集异常客户互联网协议地址、网卡地址、支付受理终端信息等必要的交易信息、设备位置信息。上述信息未经客户授权，不得用于反电信网络诈骗以外的其他用途。

第十九条　银行业金融机构、非银行支付机构应当按照国家有关规定，完整、准确传输直接提供商品或者服务的商户名称、收付款客户名称及账号等交易信息，保证交易信息的真实、完整和支付全流程中的一致性。

第二十条　国务院公安部门会同有关部门建立完善电信网络诈骗涉案资金即时查询、紧急止付、快速冻结、及时解冻和资金返还制度，明确有关条件、程序和救济措施。

公安机关依法决定采取上述措施的，银行业金融机构、非银行支付机构应当予以配合。

第四章　互联网治理

第二十一条　电信业务经营者、互联网服务提供者为用户提供下列服务，在与用户签订协议或者确认提供服务时，应当依法要求用户提供真实身份信息，用户不提供真实身份信息的，不得提供服务：

（一）提供互联网接入服务；

（二）提供网络代理等网络地址转换服务；

（三）提供互联网域名注册、服务器托管、空间租用、云服务、内容分发服务；

（四）提供信息、软件发布服务，或者提供即时通讯、网络交易、网络游戏、网络直播发布、广告推广服务。

第二十二条　互联网服务提供者对监测识别的涉诈异常账号应当重新核验，根据国家有关规定采取限制功能、暂停服务等处置措施。

互联网服务提供者应当根据公安机关、电信主管部门要求，对涉案电话卡、涉诈异常电话卡所关联注册的有关互联网账号进行核验，根据风险情况，采取限期改正、限制功能、暂停使用、关闭账号、禁止重新注册等处置措施。

第二十三条　设立移动互联网应用程序应当按照国家有关规定向电信主管部门办理许可或者备案手续。

为应用程序提供封装、分发服务的，应当登记并核验应用程序开发运营者的真实身份信息，核验应用程序的功能、用途。

公安、电信、网信等部门和电信业务经营者、互联网服务提供者应当加强对分发平台以外途径下载传播的涉诈应用程序重点监测、及时处置。

第二十四条　提供域名解析、域名跳转、网址链接转换服务的，应当按照国家有关规定，核验域名注册、解析信息和互联网协议地址的真实性、准确性，规范域名跳转，记录并留存所提供相应服务的日志信息，支持实现对解析、跳转、转换记录的溯源。

第二十五条　任何单位和个人不得为他人实施电信网络诈骗活动提供下列支持或者帮助：

（一）出售、提供个人信息；

（二）帮助他人通过虚拟货币交易等方式洗钱；

（三）其他为电信网络诈骗活动提供支持或者帮助的行为。

电信业务经营者、互联网服务提供者应当依照国家有关规定，履行合理注意义务，对利用下列业务从事涉诈支持、帮助活动进行监测识别和处置：

（一）提供互联网接入、服务器托管、网络存储、通讯传输、线路出租、域名解析等网络资源服务；

（二）提供信息发布或者搜索、广告推广、引流推广等网络推广服务；

（三）提供应用程序、网站等网络技术、产品的制作、维护服务；

（四）提供支付结算服务。

第二十六条　公安机关办理电信网络诈骗案件依法调取证据的，互联网服务提供者应当及时提供技术支持和协助。

互联网服务提供者依照本法规定对有关涉诈信息、活动进行监测时，发现涉诈违法犯罪线索、风险信息的，应当依照国家有关规定，根据涉诈风险类型、程度情况移送公安、金融、电信、网信等部门。有关部门应当建立完善反馈机制，将相关情况及时告知移送单位。

第五章　综合措施

第二十七条　公安机关应当建立完善打击治理电信网络诈骗工作机制，加强专门队伍和专业技术建设，各警种、各地公安机关应当密切配合，依法有效惩处电信网络诈骗活动。

公安机关接到电信网络诈骗活动的报案或者发现电信网络诈骗活动，应当依照《中华人民共和国刑事诉讼法》的规定立案侦查。

第二十八条　金融、电信、网信部门依照职责对银行业金融机构、非银行支付机构、电信业务经营者、互联网服务提供者落实本法规定情况进行监督检查。有关监督检查活动应当依法规范开展。

第二十九条　个人信息处理者应当依照《中华人民共和国个人信息保护法》等法律规定，规范个人信息处理，加强个人信息保护，建立个人信息被用于电信网络诈骗的防范机制。

履行个人信息保护职责的部门、单位对可能被电信网络诈骗利用的物流信息、交易信息、贷款信息、医疗信息、婚介信息等实施重点保护。公安机关办理电信网络诈骗案件，应当同时查证犯罪所利用的个人信息来源，依法追究相关人员和单位责任。

第三十条　电信业务经营者、银行业金融机构、非银行支付机构、互联网服务提供者应当对从业人员和用户开展反电信网络诈骗宣传，在有关业务活动中对防范电信网络诈骗作出提示，对本领域新出现的电信网络诈骗手段及时向用户作出提醒，对非法买卖、出租、出借本人有关卡、账户、账号等被用于电信网络诈骗的法律责任作出警示。

新闻、广播、电视、文化、互联网信息服务等单位，应当面向社会有针对性地开展反电信网络诈骗宣传教育。

任何单位和个人有权举报电信网络诈骗活动，有关部门应当依法及时处理，对提供有效信息的举报人依照规定给予奖励和保护。

第三十一条　任何单位和个人不得非法买卖、出租、出借电话卡、物联网卡、电信线路、短信端口、银行账户、支付账户、互联网账号等，不得提供实名核验帮助；不得假冒他人身份或者虚构代理关系开立上述卡、账户、账号等。

对经设区的市级以上公安机关认定的实施前款行为的单位、个人和相关组织者，以及因从事电信网络诈骗活动或者关联犯罪受过刑事处罚的人员，可以按照国家有关规定记入信用记录，采取限制其有关卡、账户、账号等功能和停止非柜面业务、暂停新业务、限制入网等措施。对上述认定和措施有异议的，可以提出申诉，有关部门应当建立健全申诉渠道、信用修复和救济制度。具体办法由国务院公安部门会同有关主管部门规定。

第三十二条　国家支持电信业务经营者、银行业金融机构、非银行支付机构、互联网服务提供者研究开发有关电信网络诈骗反制技术，用于监测识别、动态封堵和处置涉诈异常信息、活动。

国务院公安部门、金融管理部门、电信主管部门和国家网信部门等应当统筹负责本行业领域反制技术措施建设，推进涉电信网络诈骗样本信息数据共享，加强涉诈用户信息交叉核验，建立有关涉诈异常信息、活动的监测识别、动态封堵和处置机制。

依据本法第十一条、第十二条、第十八条、第二十二条和前款规定，对涉诈异常情形采取限制、暂停服务等处置措施的，应当告知处置原因、救济渠道及需要提交的资料等事项，被处置对象可以向作出决定或者采取措施的部门、单位提出申诉。作出决定的部门、单位应当建立完善申诉渠道，及时受理申诉并核查，核查通过的，应当即时解除有关措施。

第三十三条　国家推进网络身份认证公共服务建设，支持个人、企业自愿使用，电信业务经营者、银行业金融机构、非银行支付机构、互联网服务提供者对存在涉诈异常的电话卡、银行账户、支付账户、互联网账号，可以通过国家网络身份认证公共服务对用户身份重新进行核验。

第三十四条 公安机关应当会同金融、电信、网信部门组织银行业金融机构、非银行支付机构、电信业务经营者、互联网服务提供者等建立预警劝阻系统，对预警发现的潜在被害人，根据情况及时采取相应劝阻措施。对电信网络诈骗案件应当加强追赃挽损，完善涉案资金处置制度，及时返还被害人的合法财产。对遭受重大生活困难的被害人，符合国家有关救助条件的，有关方面依照规定给予救助。

第三十五条 经国务院反电信网络诈骗工作机制决定或者批准，公安、金融、电信等部门对电信网络诈骗活动严重的特定地区，可以依照国家有关规定采取必要的临时风险防范措施。

第三十六条 对前往电信网络诈骗活动严重地区的人员，出境活动存在重大涉电信网络诈骗活动嫌疑的，移民管理机构可以决定不准其出境。

因从事电信网络诈骗活动受过刑事处罚的人员，设区的市级以上公安机关可以根据犯罪情况和预防再犯罪的需要，决定自处罚完毕之日起六个月至三年以内不准其出境，并通知移民管理机构执行。

第三十七条 国务院公安部门等会同外交部门加强国际执法司法合作，与有关国家、地区、国际组织建立有效合作机制，通过开展国际警务合作等方式，提升在信息交流、调查取证、侦查抓捕、追赃挽损等方面的合作水平，有效打击遏制跨境电信网络诈骗活动。

第六章 法律责任

第三十八条 组织、策划、实施、参与电信网络诈骗活动或者为电信网络诈骗活动提供帮助，构成犯罪的，依法追究刑事责任。

前款行为尚不构成犯罪的，由公安机关处十日以上十五日以下拘留；没收违法所得，处违法所得一倍以上十倍以下罚款，没有违法所得或者违法所得不足一万元的，处十万元以下罚款。

第三十九条 电信业务经营者违反本法规定，有下列情形之一的，由有关主管部门责令改正，情节较轻的，给予警告、通报批评，或者处五万元以上五十万元以下罚款；情节严重的，处五十万元以上五百万元以下罚款，并可以由有关主管部门责令暂停相关业务、停业整顿、吊销相关业务许可证或者吊销营业执照，对其直接负责的主管人员和其他直接责任人员，处一万元以上二十万元以下罚款：

（一）未落实国家有关规定确定的反电信网络诈骗内部控制机制的；

（二）未履行电话卡、物联网卡实名制登记职责的；

（三）未履行对电话卡、物联网卡的监测识别、监测预警和相关处置职责的；

（四）未对物联网卡用户进行风险评估，或者未限定物联网卡的开通功能、使用场景和适用设备的；

（五）未采取措施对改号电话、虚假主叫或者具有相应功能的非法设备进行监测处置的。

第四十条 银行业金融机构、非银行支付机构违反本法规定，有下列情形之一的，由有关主管部门责令改正，情节较轻的，给予警告、通报批评，或者处五万元以上五十万元以下罚款；情节严重的，处五十万元以上五百万元以下罚款，并可以由有关主管部门责令停止新增业务、缩减业务类型或者业务范围、暂停相关业务、停业整顿、吊销相关业务许可证或者吊销营业执照，对其直接负责的主管人员和其他直接责任人员，处一万元以上二十万元以下罚款：

（一）未落实国家有关规定确定的反电信网络诈骗内部控制机制的；

（二）未履行尽职调查义务和有关风险管理措施的；

（三）未履行对异常账户、可疑交易的风险监测和相关处置义务的；

（四）未按照规定完整、准确传输有关交易信息的。

第四十一条 电信业务经营者、互联网服务提供者违反本法规定，有下列情形之一的，由有关主管部门责令改正，情节较轻的，给予警告、通报批评，或者处五万元以上五十万元以下罚款；情节严重的，处五十万元以上五百万元以下罚款，并可以由有关主管部门责令暂停相关业务、停业整顿、关闭网站或者应用程序、吊销相关业务许可证或者吊销营业执照，对其直接负责的主管人员和其他直接责任人员，处一万元以上二十万元以下罚款：

（一）未落实国家有关规定确定的反电信网络诈骗内部控制机制的；

（二）未履行网络服务实名制职责，或者未对涉案、涉诈电话卡关联注册互联网账号进行核验的；

（三）未按照国家有关规定，核验域名注册、解析信息和互联网协议地址的真实性、准确性，规范域名跳转，或者记录并留存所提供相应服务的日志信息的；

（四）未登记核验移动互联网应用程序开发运营者的真实身份信息或者未核验应用程序的功能、用途，为其提供应用程序封装、分发服务的；

（五）未履行对涉诈互联网账号和应用程序，以及其他电信网络诈骗信息、活动的监测识别和处置义务的；

（六）拒不依法为查处电信网络诈骗犯罪提供技术支持和协助，或者未按规定移送有关违法犯罪线索、风险信息的。

第四十二条　违反本法第十四条、第二十五条第一款规定的，没收违法所得，由公安机关或者有关主管部门处违法所得一倍以上十倍以下罚款，没有违法所得或者违法所得不足五万元的，处五十万元以下罚款；情节严重的，由公安机关并处十五日以下拘留。

第四十三条　违反本法第二十五条第二款规定，由有关主管部门责令改正，情节较轻的，给予警告、通报批评，或者处五万元以上五十万元以下罚款；情节严重的，处五十万元以上五百万元以下罚款，并可以由有关主管部门责令暂停相关业务、停业整顿、关闭网站或者应用程序，对其直接负责的主管人员和其他直接责任人员，处一万元以上二十万元以下罚款。

第四十四条　违反本法第三十一条第一款规定的，没收违法所得，由公安机关处违法所得一倍以上十倍以下罚款，没有违法所得或者违法所得不足二万元的，处二十万元以下罚款；情节严重的，并处十五日以下拘留。

第四十五条　反电信网络诈骗工作有关部门、单位的工作人员滥用职权、玩忽职守、徇私舞弊，或者有其他违反本法规定行为，构成犯罪的，依法追究刑事责任。

第四十六条　组织、策划、实施、参与电信网络诈骗活动或者为电信网络诈骗活动提供相关帮助的违法犯罪人员，除依法承担刑事责任、行政责任以外，造成他人损害的，依照《中华人民共和国民法典》等法律的规定承担民事责任。

电信业务经营者、银行业金融机构、非银行支付机构、互联网服务提供者等违反本法规定，造成他人损害的，依照《中华人民共和国民法典》等法律的规定承担民事责任。

第四十七条　人民检察院在履行反电信网络诈骗职责中，对于侵害国家利益和社会公共利益的行为，可以依法向人民法院提起公益诉讼。

第四十八条　有关单位和个人对依照本法作出的行政处罚和行政强制措施决定不服的，可以依法申请行政复议或者提起行政诉讼。

第七章　附　则

第四十九条　反电信网络诈骗工作涉及的有关管理和责任制度，本法没有规定的，适用《中华人民共和国网络安全法》《中华人民共和国个人信息保护法》《中华人民共和国反洗钱法》等相关法律规定。

第五十条　本法自 2022 年 12 月 1 日起施行。